REAL ESTATE 330

_____ 님의 성공 투자를 위해

이 책을 드립니다

구만수 박사의 330 부동산 특강

3시간 공부하고
30년 써먹는
부동산 시장 분석 기법

구만수 박사

3시간 공부하고
30년 써먹는
부동산 시장 분석 기법

구만수 지음

"고수에게는 확신을 주고
초보에게는 투자개념을 심어주는
사이다 같은 강의"

"지난해부터 330 강의에서는 부동산 시장의 조정장 진입과 규제가
먹히지 않을 경우 시장이 진정될 때까지 투기과열지구 지정을 비롯한
모든 규제정책을 쏟아낼 것을 이미 지적하고 대비를 권고한 바 있다.
330 강의를 수강한 분과 아닌 분의 차이가 극명하게 나타나고 있다."

한국경제신문 *i*

PROLOGUE

매일 블로그와 밴드에 어떤 주제와 내용으로 메시지를 전달할까 고민하며 아침을 맞이한다. 신문기사를 뒤져보기도 하고 정부기관의 보도자료나 부동산 전문가의 칼럼을 읽기도 하면서 나만의 비평을 통해 생각을 정리한다. 그런 후 회원들이 좀 더 이해하기 쉽게 풀어내려 고심한다.

아울러 시장의 흐름을 체감하기 위해 시간이 허락하는 한 서울을 비롯해 전국의 재개발, 재건축 정비사업장과 투자 지역을 찾아다닌다. 임장을 다니는 이유는 책이나 언론기사에서 느낄 수 없는 현장에서만의 살아있는 움직임과 투자 물건에 대한 정보를 입수할 수 있기 때문이다. 현장에서 담아오는 목소리는 양질의 강의 내용이 돼 어려운 발걸음을 해준 수강생들에게 선물로 주어진다.

2015년 여름《국토도시계획을 알아야 부동산 투자가 보인다》를 집필하기 위해 한여름을 고스란히 보냈던 기억이 있다. 딱딱해 보이는 도시계획을 부동산과 접목시켜 독자에게 쉽게 다가서

고자 했다. 많은 분이 사랑해주셔서 생각보다 많은 부수가 판매됐고 강의 때마다 밀려드는 사인 요청에 어깨가 으쓱해지기도 했다. 그런데 내용이 어려워 읽기 힘들다는 하소연을 종종 들으며 많은 생각을 하게 됐다.

집필할 때는 몰랐는데 지금 와 돌이켜보면 아마도 제 잘난 맛에 독자의 눈높이가 아닌 필자의 눈높이에서 지면을 채웠으리라. 사실 초기에 강의할 때는 나의 지식을 뽐내는 강의를 했던 것 같다. 그러니 당연히 수강생들은 강의 내용을 이해하기 어려웠을 것이고 공감하지도 못했을 것이다. 그럼에도 당시 강의 내용이 좋았다고 해주시는 분들이 계셨는데 지금 생각해보면 부끄럽기 짝이 없는 일이다. 좋은 성격의 수강생들이었다고밖에 설명이 되지 않는다.

나 역시 계속되는 강의 속에서 많은 피드백이 있었다. 가능하면 쉽게 설명하기 위해서 많은 예시를 사용했고 시각적 효과를 높이기 위해서 독특한 이미지를 활용했다. 수강생들의 눈높이에 맞추려 노력했고 그들의 언어와 그들의 몸짓으로 강의하고자 노력했다. 그 결과 '구들장'이나 '바퀴벌레'가 강의 중에 등장하기까지 했다. 수강생들에게 확실한 메시지를 전해주며 복잡하지 않고 쉽게 공감대를 형성할 수 있도록 하기 위함이었다. 이런 생각을 바탕으로 한 강의는 실제로 수강생들과 카페회원들에게 많은 공감을 얻었고 강의 예매율 100%

라는 감사한 결실로 돌아왔다.

《3시간 공부하고 30년 써먹는 부동산 시장 분석 기법》은 내용 전달의 경중은 있지만 지난 몇 년간 대학교, 재테크 카페, 밴드에서 지속적으로 강의했던 내용이다. 강의 중에 사용되는 400여 장의 파워포인트 슬라이드는 회를 거듭할 때마다 조금씩 바뀐다. 부동산 시장을 분석하는 강의인 만큼 다이내믹하게 변화하는 시장에 따라 강의 내용도 바뀌어야 하기 때문이다. 지난 60여 년간 부동산 시장은 상승과 조정을 반복하면서 전체적으로는 우상향으로 성장해왔다. 부동산 정책, 국내외 경제 상황, 인간의 심리, 지역별 수요와 공급 측면에서 복잡하게 얽히면서 살아있는 생물처럼 우리에게 다가온다. 물론 제시한 4가지 측면만으로 부동산 시장을 모두 설명할 수는 없다. 여러 가지 변수 중에서 지극히 개인적인 생각으로 분류한 것일 뿐이다. 무엇 때문에 투자해야 하느냐는 질문에 '돈을 벌기 위해서'라는 답변은 잘못된 답은 아니지만, 투자에 대한 철학을 찾아볼 수 없는 하수의 대답이라 할 것이다. 투자는 자신이 보유한 현금성 자산의 구매력 휘발을 막기 위한 능동적이고 처절한 경제활동이다. 투자와 단순한 투기의 차이점은 인플레이션 방어를 위해 얼마나 노력하는가에 달렸다. 그러한 노력은 꾸준한 이론적 공부와 임장 그리고 실전 투자를 통해서만 달성할 수 있다. 자산가들의 자산축적이 단순한 투기에서 비롯된 것처럼 공공연하게 회자되고 있는 것은 그것을 이루지 못한 사람들의 시기와 부러움의 표현일 뿐 그 이상도 이하도 아니다.

진정한 투자자는 자산축적을 위해 끊임없이 노력한다. 자산축적의 목적은 다양할 수 있다. 인플레이션에 대한 방어, 안정된 노후, 자녀의 교육, 경제적 자유의 시간을 갖기 위해서 등 어떠한 이유이든 우리는 자산축적을 이뤄야 한다. 그래야 인간답게 살 수 있다. 우리는 인간답게 대접받기 위해서라도 자산축적을 위한 투자 노력을 게을리해서는 안 된다.

지난 60여 년간 부동산 자산 가격이 지속해서 상승했다고는 하지만 자산 가격이 항상 끊임없이 상승하는 것만은 아니다. 물론 계속 하락하지도 않는다. 그렇다면 언제 상승하고 언제 하락할까? 상승과 하락을 반복하면서 우상향한다고 했으니 상승 시기와 하락 시기를 알 수 있다고 한다면 투자자에게는 꿈같은 이야기일 수밖에 없다. 그렇다면 상승에 필요한 요인은 무엇이고 하락이 올 수밖에 없는 요인은 무엇일까? 이 질문에 대한 답이 바로 〈3시간 공부하고 30년 써먹는 부동산 시장 분석기법〉 강의의 주요 내용이다. 이에 필자는 지난 몇 년간 강의실에서 전달하고자 했던 내용을 책으로 발간해 물리적으로 만날 수 없었던 많은 시장 참여자와 만나고자 한다. 강의실에서 구두로 전달하는 내용과 텍스트로 전달하는 내용이 차이는 있겠지만 그

간격을 최대한 줄이려고 노력했다.

이 책은 부동산 시장의 상승과 하락에 영향을 미치는 요인이 무엇인지를 알아보기 위해서 부동산 정책, 국내외 경제 상황, 시장참여자의 투자 심리, 수요와 공급에 따른 시장의 변화를 살펴본다. 아울러 그러한 요인을 적용해 시장의 흐름을 분석하는 방법을 제시하고 현재의 부동산 시장이 어떻게 흘러왔는지 그리고 향후 부동산 시장에 어떻게 대응을 해야 하는지까지도 이야기하고자 한다. 부동산 시장은 예측하는 것이 아니라 대응을 하는 것이라는 것이 필자의 평소 주장이기 때문에 그에 충실하게 구성했다. 아울러 이 책의 내용은 필자가 특별하게 창조해내거나 개발한 부분은 없으며 정부나 공공기관 및 언론에서 발표된 각종 자료를 기반으로 해서 작성했음을 밝힌다. 이미 여러분들도 다 알고 있는 부분을 이해하기 쉽게 파노라마처럼 정리했다고 보면 된다. 사진에서 볼 수 있듯 김정운 교수께서 에디톨로지를 강연할 때 "스티브 잡스가 발명한 건 아무것도 없어요!"라는 멘트는 나에게 많은 힘이 돼줬고 일명 '짜깁기'하는 것에 대한 죄책감이 덜 들었다고 고백한다.

인용 자료는 최대한 출처를 밝히고 원저작자에게 허락을 받기 위해 노력했다. 그럼에도 불구하고 놓친 부분이 있어 출처를 밝히지 못한 부분이 있다면 전혀 의도하지 않은 바이니 미리 양해의 말씀을 구한다. 연락을 주시면 즉각 조치할 것을 약속드린다.

《3시간 공부하고 30년 써먹는 부동산 시장 분석 기법》은 고등학생 이상이라면 누구나 이해할 수 있는 내용이다. 나의 두 아들에게도 6개월에 한 번 정도는 오프라인 강의를 듣도록 한다. 공부 잘하는 것도 좋지만 일찍부터 경제와 투자의 개념을 익혀두는 것도 공부 이상으로 중요하다고 생각하기 때문이다. 어른만 보는 책이 아니라 자녀와 함께 가족 모두가 읽고 토론할 수 있는 책을 펴내고자 한다. 돈 문제를 입에 담기를 꺼리고 '황금 보기를 돌같이 하라'는 선현의 가르침을 절대선으로 생각하기보다는 경제적 자유가 삶을 풍요롭게 만드는 원천이라는 것을 깨닫는 계기가 되는 책이기를 희망한다.

자료.1   '세상의 모든 창조는 이미 존재하는 것들의 또 다른 편집이다'

PROLOGUE

PART 1
파도는 바다를 삼킬 수 없다

PART 2
바람이 파도를 만든다

1장. 부동산 정책

4장. 수요와 공급

PART 3
파도를 타고 노를 젓는다

PART 4
COLUMN

PART 1

NOTICE

이 책을 읽고 반드시 알아야 할 것이 있다. 우리는 왜 재테크 공부를 하는가? 무엇 때문에 투자를 하는가? 자산 가격은 지속적으로 상승하는가? 아니면 지속적으로 하락하는가? 아니라면 언제 상승하고 하락하는가? 상승하고 하락하는 직간접적인 요인은 무엇인가? 하는 점이다. 결국은 이러한 요인을 알고자 하는 과정이 재테크 공부의 본질이며 성공적인 부동산 투자를 위한 밑거름이다.

파도는 바다를
삼킬 수 없다

REAL ESTATE 330

가격이 비싼 건
부동산 잘못이 아니다

부동산 시장 가격의 등락은 어느 특정한 한 가지 요인이 아니라 여러 가지 요인이 서로 복합적으로 영향을 미친다. 필자는 여러 가지 요인 중에서도 부동산 정책, 국내외 경제 상황, 인간의 심리, 수요와 공급 측면이라는 4가지 요인이 부동산 시장의 가격 등락에 큰 영향을 주고 있다고 판단한다. 따라서 본문에서 각각의 요인에 대한 역사적 사실과 데이터를 기반으로 부동산 시장을 분석해보고자 한다.

부동산 정책, 국내외 경제 상황, 인간의 심리, 수요와 공급 4가지 요인을 각각 살펴보기 전에 우선 앞으로 읽게 될 이 책의 내용을 완벽하게 이해하고 습득하기 위해서는 몇 가지 숙지 또는 인정하고 넘어가야 할 사항이 있다.

다음 자료 2는 '57년간의 우상향 화살표'다. 1960년부터 2017년까지 무엇인지는 모르지만 지속적으로 우상향했다는 의미를 나타내고 있다. 이렇게 지난 57년간 지속적으로 지수가 상승한 것은 무엇이고 어떠한 것들이 있을까? 필자의 〈3시간 공부하고 30년 써먹는 부동산 시장 분석 기법〉(이하, 330으로 쓰겠다) 강의에서 슬라이드를 보여주면서 자료 2의 우상향 화살표로 표현되는 지수가 무엇을 뜻하는지 질문해보면 나오는 대답들이 어느 정도 정해져 있다.

자료.2 <u>57년간의 우상향 화살표 지수</u>

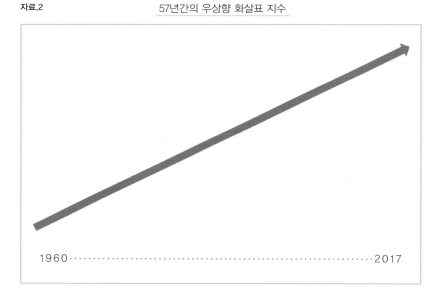

물가상승(Inflation), 인구(Population), 경제성장률(Economic Growth rate), 국내총생산(Gross Domestic Product), 통화량(Money Supply), 가처분소득(Disposable Income), 부동산 가격(Property Prices) 등이다. 재테크 공부를 하는 사람들이라서 그런지 몰라도 57년간이라는 시간과 우상향 화살표 지수 두 가지의 힌트만으로

3시간 공부하고 30년 써먹는
부동산 시장 분석 기법

많은 키워드가 나오곤 한다. 놀라운 일이 아닐 수 없다. 이 외에도 많은 단어가 난무하지만, 필자가 원하는 답은 이 정도면 충분하다.

그렇다. 57년간의 우상향 화살표는 물가의 상승, 인구의 증가, 경제의 성장, 국내총생산의 증가, 통화량의 증가, 가처분소득의 증가, 부동산 가격의 상승을 나타내고 있다. 좀 더 자세히 필자가 주장하고 싶은 사실은 지난 57년간 물가, 인구, 경제, 국내총생산, 통화량 등이 상승하며 덩달아 부동산 가격 또한 지속적으로 상승했다는 것이다. 특히 국내총생산의 증가는 국민 한 사람 한 사람의 생산성이 증가했다는 이야기와 같다.

개인의 생산성 증가는 결국 가처분소득의 증가로 이어지고 소득의 증가는 누구나 갖고 싶어 하는 좋은 지역, 좋은 부동산에 대한 지불능력을 높인다. 높은 지불능력을 가진 사람이 많아짐에 따라 공급자는 더 좋은 부동산 상품을 공급하기 위해서 노력하고 그러한 노력이 한정된 토지의 소유경쟁을 일으켜 가격이 상승하게 된다. 토지의 가격 상승은 결국 건축물의 가격 상승으로 이어진다. 결론적으로 개개인의 소유욕과 높은 지불능력이 지속되는 한 부동산 가격은 상승한다.

물론, 우상향 화살표가 수학적으로 매년 같은 상승률을 보인 것은 아니다. 다소 부침은 있었지만 긴 시간을 놓고 볼 때는 지속적인 상승이 이뤄져 왔고 그러한 역사적 사실은 우상향 화살표로 나타나고 있다. 우상향 화살표가 내포하고 있는 의미를 부정할 수는 없다.

국가의 경제가 성장하면 이에 수반하는 생산 요소들의 볼륨도 커질 수밖에 없는 것은 깊이 생각하지 않아도 당연지사다. 당연히 생산 3요소 중 하나인 토지, 즉 부동산의 효용성은 지속적으로 높아지고 부동산을 소유하기 위한 경쟁이 심화되므로 이에 따라 가격이 상승하게 되는 것은 자연스러운 현상이며 이러한 자산을 국부(國富)라 칭하기도 한다.

그런데 자료 2에서 보는 바와 같이 부동산 가격이 지속적으로 상승한다면 굳이 어렵게 재테크 공부를 할 필요가 없다는 의문이 들지 않는가? 예컨대, 지금 책을 읽고 있는 당신이 투자할 종잣돈이 있었다고 가정하자. 1960년부터 어느 시기에라도 투자를 실행했다면 지금의 2017년에는 크든 작든 수익을 올렸다는 결과가 나올 것이기 때문이다. 누구는 평균 이상으로 초과수익을 누구는 평균에 미달하는 수익을 올렸겠지만, 최소한 손실은 발생하지 않았을 확률이 높다.

하지만 이 설명에 대해서 고개를 끄덕이면서도 선뜻 동의하기가 쉽지 않다. 자료 2는 57년의 시간을 한 장의 슬라이드에 담아서 시각적으로 매우 압축돼있기 때문이다. 57년이라는 시간 동안의 부동산 가격 상승과 하락이 압축적으로 표시되다 보니 정률적(일방적) 우상향의 형태로 표현되고 있다. 결론적으로 우상향 화살표 내부에는 우리가 시각적으로는 알 수 없는 많은 정보가 함축돼있다.

오르고 내리고
다시 오르고

자료.3 부동산 가격은 상승과 조정을 반복하면서 저점과 고점을 높여가고 그 결과 우상향 화살표를 만들어낸다

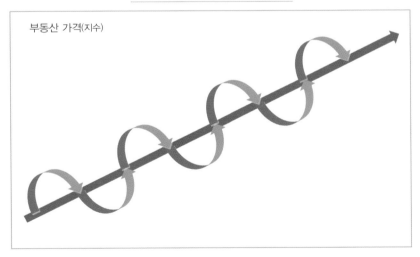

부동산 가격(지수)

1960 · 2017

실제로 화살표를 확대해보면 자료 3과 같다. 자료 2에서 봤던 우상향 화살표를 평균으로 해서 상승과 조정을 반복하면서 지속적으로 우상향 곡선을 나타내고 있다. 상승에 대비되는 개념으로 하락이라는 표현을 사용해야 하지만 필자는 상승폭에 비해서 하락폭은 크지 않다고 보기 때문에 하락이라는 단어보다 조정이라는 단어를 사용해 설명하곤 한다. 하락의 폭이 작다는 말에 의아하게 생각하는 독자들이 있을 것으로 생각되는데 그 이유는 잠시 후에 설명하도록 하겠다.

아무튼, 자료 3에서 보이는 바와 같이 우리나라 부동산 가격은 1960년부터 상승과 조정을 반복하면서 지속적으로 우상향해 왔다. 물론 앞으로 계속 상승을 할 것인지에 대한 판단은 본문 내용에서 다룰 예정이다. 다만 이 부분에서 필자가 주장하고 싶은 내용은 부동산 정책, 국내외 경제 상황, 인간의 심리, 수요와 공급 등 상황에 따라서 부동산 시장은 활황과 조정을 반복하면서 저점과 고점을 지속해서 높여간다는 사실이다.

물론 대한민국 부동산 시장의 전체 평균이 이러하다는 것이고 시기와 지역별로 같이 또는 다르게 움직이는 현상이 일어나는 것 또한 사실이다. 그래서 전국적으로 볼 때 대부분 시장 상황은 활황임에도 불구하고 지역별로 침체에 빠져있는 경우도 있고 전체적

3시간 공부하고 30년 써먹는
부동산 시장 분석 기법

시장이 침체장임에도 지역별로는 활황세를 나타내는 시장도 있다. 하지만 역사적으로 전체적인 부동산 시장의 흐름을 해석해보면 상승과 조정을 반복하면서 우상향을 지속적으로 해왔다는 사실은 이견이 있을 수 없다.

자료.4 부동산 가격 상승폭과 조정폭의 비교

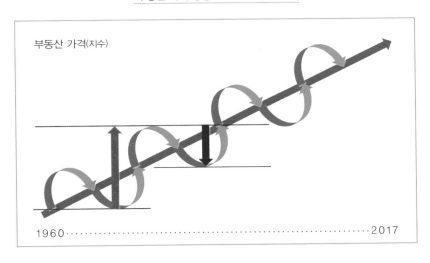

기술한 바와 같이 1960년부터 부동산 시장은 활황과 침체를 반복하며 우상향을 해왔다. 이 책을 읽고 있는 당신이 고개를 끄덕이고 수긍한다면 한 가지 놀라운 사실을 발견할 수 있다. 자료 4는 상승과 조정의 폭이 얼마나 되는지를 나타내고 있다. 상승 기간과 조정 기간의 폭을 비교해보면 차이가 큼을 알 수 있다. 자료 4를

보면 상승폭에 비해 조정폭은 절반에 불과하다.

실제 현실에서 조정폭은 깊지 않으며 개념적 표현을 위해서 그래프를 그린 것에 불과하다. 자세히 보면 상승기간이 짧으면서 상승의 기울기는 가파르고 조정기간은 상대적으로 길며 기울기는 완만하다. 정리하면 지난 57년간 대한민국의 부동산 시장은 활황과 침체를 반복하며 그에 따라 부동산 가격 또한 상승과 조정을 반복하면서 저점과 고점을 높여왔다(KB부동산 월간KB주택 가격동향, 전국 주택매매가격 종합 전월대비 증감률 참조).

아울러 상승폭은 조정폭에 비해 월등히 높고 반대로 조정폭은 상대적으로 적다. 따라서 어느 시기에 투자를 실행했는지를 불문하고 보유기간에 발생하는 침체기간(국내외적 충격에 의한 단기하락)에 견딜 수만 있었다면 결론적으로 자신이 투자한 금액 이상으로 회수할 수 있다는 결론에 이른다. 저점과 고점을 알 수 있다면 매도와 매수 타이밍을 효과적으로 잡을 수 있고 시장의 평균 수익률을 상회하는 자본이득을 누릴 수 있을 것이다. 다만 저점과 고점이 어느 시기인지를 모르기 때문에 오늘도 여러분은 이렇게 책을 읽고 있는 것이다. 우리의 재테크 공부 핵심은 부동산 시장 가격의 상승과 조정 시기를 파악하고 그러한 사이클에 맞게 투자해 초과수익을 올리고자 함이다.

아울러 자료 5는 KB부동산에서 제공하는 월간 KB주택 가격 동향 기간별 변화자료 중에서 지수를 작성하기 시작한 1986년 1월부터 현재까지 전국 주택매매가격 종합지수다. 보는 바와 같이 1986년 1월 기준 36.7포인트에서 2017년 6월 101.7포인트까지 지속적으로 매매가격 종합지수는 상승했다. 외환위기 등 국내외적인 충격으로 간간이 조정구간이 발생했으나 전체적인 맥락에서 바라보면 주택매매가격 종합지수는 꾸준하게 상승했음을 알 수 있다.

자료.5　　　　　　　　주택매매가격 종합지수 : 전국

	1月 January	2月 February	3月 March	4月 April	5月 May	6月 June	7月 July	8월 August	9月 September	10月 October	11月 November	12月 December
1986년	36.7	36.7	36.7	36.5	36.3	36.1	36.0	36.0	36.0	36.0	35.8	35.7
1987년	35.7	35.6	35.5	35.6	35.6	35.6	35.7	35.8	37.2	37.7	38.2	38.2
1988년	38.7	39.7	40.6	41.5	41.9	42.2	42.6	43.7	43.8	43.5	43.2	43.3
1989년	43.8	45.2	46.4	48.3	48.7	48.8	48.7	48.7	48.8	49.1	49.4	49.6
1990년	50.0	52.5	53.9	55.4	56.0	56.2	56.4	56.8	58.3	59.1	59.8	60.0
1991년	60.4	61.1	62.1	63.5	63.4	63.2	62.9	62.6	62.4	62.0	60.7	59.7
1992년	59.4	59.3	59.2	58.8	58.2	57.5	57.1	57.1	57.6	57.5	57.1	56.7
1993년	56.6	56.9	56.9	56.6	56.3	56.0	55.7	55.5	55.4	55.4	55.2	55.1
1994년	55.1	55.2	55.2	55.1	55.0	55.0	54.9	55.0	55.1	55.1	55.0	55.0
1995년	55.0	55.0	55.0	55.0	55.0	55.0	54.9	54.9	55.0	55.0	54.9	54.9
1996년	55.0	55.1	55.3	55.3	55.3	55.3	55.3	55.3	55.5	55.6	55.7	55.8
1997년	56.4	56.9	57.1	57.1	57.1	57.1	57.0	57.1	57.2	57.2	57.1	56.9
1998년	56.4	55.7	54.2	52.6	51.4	50.6	50.4	50.4	50.2	49.8	49.7	49.8
1999년	50.4	50.5	50.7	50.8	50.9	50.9	51.0	51.4	51.7	51.8	51.6	51.5
2000년	51.7	51.9	52.1	52.2	52.1	52.0	52.0	52.1	52.2	52.2	52.1	51.7
2001년	51.7	51.9	52.2	52.5	52.9	53.3	54.0	55.0	55.9	56.2	56.4	56.9
2002년	58.3	59.8	61.2	61.8	62.2	62.5	63.1	64.2	65.7	66.0	66.1	66.2
2003년	66.1	66.5	67.0	67.6	68.7	69.2	69.3	69.5	70.1	70.8	70.6	70.0
2004년	69.7	69.8	70.0	70.1	70.1	69.9	69.7	69.4	69.3	69.1	68.8	68.5
2005년	68.4	68.6	68.8	69.2	69.6	70.2	70.8	71.0	71.2	71.2	71.2	71.3
2006년	71.5	71.9	72.3	73.0	73.7	74.1	74.2	74.4	74.7	75.8	78.1	79.6
2007년	80.3	80.6	80.7	80.8	80.8	80.9	81.2	81.3	81.5	81.7	81.9	82.1
2008년	82.3	82.5	83.2	83.9	84.4	84.9	85.3	85.4	85.6	85.6	85.7	85.9
2009년	84.1	83.9	83.8	83.8	83.9	84.1	84.3	84.6	85.2	85.5	85.7	85.9
2010년	86.0	86.2	86.4	86.6	86.6	86.6	86.6	86.5	86.6	86.8	87.1	87.5
2011년	87.9	88.6	89.4	90.2	90.8	91.3	91.6	92.1	92.6	93.0	93.3	93.5
2012년	93.6	93.8	93.9	94.0	94.1	94.0	93.9	93.8	93.7	93.6	93.5	93.5
2013년	93.4	93.3	93.3	93.3	93.3	93.3	93.3	93.2	93.3	93.5	93.6	93.8
2014년	93.9	94.1	94.3	94.5	94.4	94.6	94.7	94.9	95.1	95.4	95.6	95.8
2015년	95.9	96.1	96.5	97.0	97.3	97.8	98.2	98.6	99.1	99.4	99.8	100.0
2016년	100.1	100.2	100.2	100.2	100.3	100.4	100.5	100.6	100.8	101.0	101.3	101.4
2017년	101.4	101.4	101.4	101.5	101.5	101.7						

아울러 자료 6은 각 연도 1월 기준 전국 주택매매가격 종합지수 막대 그래프다. KB국민은행에서 데이터를 축적한 역사가 1986년부터기 때문에 그 전 자료를 제시할 수는 없어 안타깝지만 전체적인 맥락을 이해하는 것에는 큰 문제가 없다. 자료 6을 보면 지속적으로 주택매매가격이 상승해왔음을 알 수 있다. 물론 자료 3과 자료 4처럼 정확한 비율로 상승과 조정을 반복한 것은 아니지만 전체적으로 필자의 주장을 뒷받침할 수 있을 정도의 객관성은 분명히 있다.

자료.6

각 연도 1월 기준 전국 주택매매가격 종합지수

3시간 공부하고 30년 써먹는
부동산 시장 분석 기법

독자 여러분은 지금까지 기술한 내용 중에서 부동산 시장 가격이 상승과 조정을 반복하면서 지속적으로 우상향한다는 사실에 대해서 어떻게 생각하는가? 무릎을 치며 고개를 끄덕이며 맞다고 호응을 할 수도 있고 사실과 다르다면서 반대 의견을 제시할 수도 있다. 지금 필자는 부동산 정책, 국내외 경제 상황, 인간의 심리, 수요와 공급에서의 부동산 시장 가격 상승과 조정요인에 대한 세부 분석에 들어가기 전에 전체적인 부동산 시장의 역사적 흐름에 대해서 독자 여러분과 공감대를 형성하고자 한다.

　　만약 이 책을 읽고 있는 당신이 지난 57년간 부동산 시장 가격이 상승과 조정이 반복하면서 지속적으로 상승했다는 필자의 주장에 동의 내지는 공감하지 못한다면 사실 더 이상 이 책을 읽을 필요가 없다. 앞으로 필자가 설명할 부동산 정책, 국내외 경제 상황, 인간의 심리, 수요와 공급 측면의 세부 분석 내용을 전혀 공감하지 못할 가능성이 크기 때문이다. 바꿔 말하면 이번 장의 내용에 대해 공감하시는 분들은 앞으로 설명할 본문 내용에 대해서도 깊은 이해와 통찰이 가능하다는 것을 미리 말씀드린다.

PART 2

NOTICE

부동산 시장의 상승과 조정의 흐름을 만들어내는 요인은 매우 다양하다. 수많은 요인이 서로 영향을 미치면서 시장 형성에 기여한다. 많은 요인 중에서 필자는 부동산 정책, 국내외 경제 상황, 인간의 심리, 수요와 공급 4가지 요인이 우선이라고 생각한다. 이러한 4가지 측면의 요인이 어떻게 부동산 시장의 상승과 조정에 영향을 미치는지 분석해봤다. 4가지 방향의 요인들은 때로는 개별적으로 때로는 같이 혼합돼 부동산 시장에 호재가 되기도 하고 악재가 되기도 하면서 시장을 이끌어간다.

바람이
파도를 만든다

REAL ESTATE 330

1장
부동산 정책

ıl.ıl

'살인'까지 부를 뻔한
하우스푸어 문제

먼저 부동산 정책을 살펴보자. 정부는 부동산 시장을 바라볼 때 물가상승률을 크게 벗어나지 않는 수준에서 부동산 시장 가격이 형성되기를 희망한다. 정부는 부동산 시장이 과열되거나 침체되는 것을 달갑게 여기지 않는다. 이것은 어느 정권이든 마찬가지다. 그래서 한쪽으로 지나치게 쏠리는 것을 미연에 방지해 적절한 거래가 이뤄지도록 유도한다. 여기서 적절한 거래라 함은 기업이나 가계에서 필요 여부에 따라 부동산의 양도 양수가 어렵지 않게 이뤄질 수 있는 시장 환경을 이야기한다.

따라서 정부의 정책은 부동산 시장이 과열일 때는 규제의 강화, 침체일 때는 규제의 완화 또는 거래 촉진책을 펼치는 것이 일반적이다. 경제학적으로 보면 정부가 시장에 보이는 손으로 개입하는 것이다. 정부가 시행하는 부동산 정책은 관련 법률의 제개정을 비롯해 행정적, 재정적 정책을 망라한다. 정부의 시장 개입이 옳고 그름을 논하기보다 본 장에서는 정부에서 부동산 시장 규제의 강화와 완화를 어떻게 해왔고, 정부의 시장 개입이 부동산 시장의 가격 변화에 어떻게 영향을 줬는지 분석해보고자 한다.

2012년 12월, 매일경제 신문에 '살인까지 부른 뺀한 하우스푸어 문제'라는 제목의 기사가 실렸다.

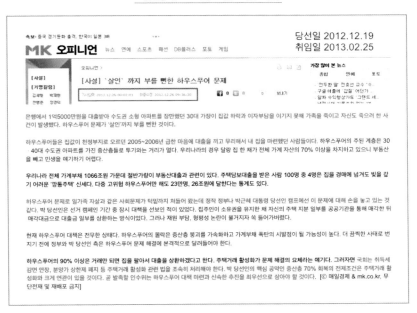

간략히 요약하자면, 은행에서 1억 5,000만 원을 대출받아 수도
권 소형 아파트를 장만했던 30대 가장이 집값 하락과 이자 부담을
이기지 못해 가족을 죽이고 자신도 죽으려 한 사건이다.

또한 기사에서는 당시 박근혜 대통령 당선인에게 하우스푸어
대책 마련과 추진을 촉구하고 있다.

위 사례의 30대는 대출받은 금액보다 아파트의 거래 가격이
떨어진 '하우스푸어' 상태였다. 기사의 30대 가장과 같은 사람은

2005년~2006년 집값이 가파르게 상승하던 시절, 급한 마음에 무리한 대출을 받아 내 집 마련을 했던 사람들이다.

필자가 현재 원고를 집필하고 있는 2017년 7월의 부동산 시장과 비교해보면 불과 4년 반 정도밖에 지나지 않았는데 상당히 차이가 나고 있다. 몇 년 사이 부동산 시장이 활황세로 돌아섰고 가격 또한 상승했다. 격세지감이 아닐 수 없다. 현재의 종합적인 시장분석은 뒤에서 다시 이야기하기로 하고 이번 장에서는 당시의 상황만 이야기하도록 하겠다.

한마디로 정리하자면 언론에서 침체된 부동산 시장에 온기를 불어넣어 달라고 대통령 당선인과 국회에 청원하고 있는 것이다. 30대 가장을 자살하도록 내버려둬서는 안 된다는 것이다.

대통령직인수위원회 백서

2012년 12월 당시는 박근혜 前 대통령이 2012년 12월 19일 제18대 대한민국 대통령으로 당선이 됐고 2013년 2월 25일에 취임을 앞둔 상황이었다. 박근혜 前 대통령은 향후 임기 내에 펼쳐갈 국정에 대해서 많은 고민을 했을 것이다. 하지만 대통령 당선인 혼자서 모든 국정의 로드맵을 그릴 수는 없는 노릇이다. 그래서 항상 대통령 취임 전 기간에는 대통령직인수위원회라는 정권인수위원회가 활동한다. 이 대통령직인수위원회는 정부의 조직 · 기능 및 예산현황을 파악하고 새 정부의 정책 기조를 설정하기 위한 준비를 한다. 즉 향후 5년 동안 펼쳐갈 정치, 경제, 문화, 사회, 국방 등 전반적인 국정의 밑그림을 그리는 작업을 하는 것이다.

자료.8　　　　　제18대 대통령직인수위원회 백서

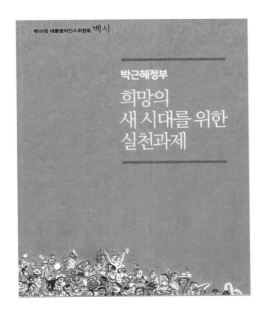

아울러 그러한 국정 로드맵의 밑그림을 그리게 되면 국민에게 자료를 공개하게 돼있다. 따라서 투자자들은 대통령직인수위원회에서 발간한 백서를 통해 향후 5년간의 국정 철학을 살펴볼 수 있고 나아가 정부의 부동산 정책 방향에 대해서도 알 수 있다. 정부가 부동산 시장 규제를 강화할 것인지, 완화할 것인지 여부를 가늠해볼 수 있는 중요한 자료이기에 투자의 나침반이라 할 수 있다.

그러므로 부동산에 관심이 있다면 정부가 바뀔 때마다 대통령직인수위원회 백서에 관심을 기울여야 한다. 자료 8은 제18대 대통령직인수위원회에서 발간한 백서다. 박근혜 정부의 국정운영 로드맵이 담겨있는 자료라고 생각하면 된다. 제19대 문재인 정부는 당선인 시절이 없이 곧바로 대통령직에 취임하는 바람에 대통령직인수위원회가 설치되지 못했다. 따라서 2017년 5월 16일 국무회의 의결로서 대통령직인수위원회 기능을 대신하는 대통령 직속 국정기획자문위원회가 출범했고 국정운영 5개년 계획 수립에 착수했다. 향후에도 대통령이 취임하게 되면 국가의 주요 정책에 변화가 있기 마련이고 이러한 정책 변화에 능동적으로 대응하기 위해서는 대통령직인수위원회의 활동에 관심을 두는 투자자가 되기를 바란다.

다시 본론으로 돌아오자. 박근혜 前 대통령의 대통령직인수위원회에서는 부동산 시장을 어떻게 봤으며 어떻게 이끌어가려고 했을까? 부동산 시장을 부양하기 위한 정책의 밑그림을 그렸을까 아니면 30대 가장이 어려움을 겪더라도 부동산 시장에 개입하지 않으려고 했을까? 자료 9는 제18대 대통령직인수위원회에서 제안한 박근혜 정부 국정과제 보고서다. 바로 이 보고서 안에 박근혜 정부가 앞으로 부동산 시장을 어떻게 이끌어갈 것인지에 대한 밑그림이 그려져 있다.

자료.9 제18대 대통령직인수위원회 제안 박근혜 정부 국정과제

자료 10은 제18대 대통령직인수위원회에서 발간한 박근혜 정부 국정과제 보고서 중에서 부동산 시장과 관련된 부분만 발췌해서

편집한 내용이다. 박근혜 정부 140대 국정과제 중 36번째 '부동산 시장 안정화'라는 항목을 살펴보면 박근혜 정부에서 부동산 시장을 어떻게 바라보고 있는지 확연하게 드러난다. 부동산 시장을 안정화시키겠다고 천명을 하는데 여기서 우리는 안정화라는 키워드의 개념을 정확히 이해할 필요가 있다.

'안정화'는 어떠한 현상이 평균에서 과도하게 벗어났을 때 평균에 수렴을 시키는 일련의 행위를 지칭한다. 즉 안정화라 해서 무조건 가격을 낮춘다는 의미가 아니다. 당시 부동산 시장의 상황은 하우스푸어 문제 때문에 수도권의 30대 가장이 자살을 시도할 만큼 침체기였다. 박근혜 정부의 '안정화'란 침체 국면에 반전을 꾀해 부동산 시장 가격을 상승시키고자 함을 의미한다. 즉 침체된 부동산 시장에 온기를 불어넣을 수 있는 방법을 모색하겠다는 의미로 이해하면 된다.

왜 부동산 시장을 안정시키려고 했을까? 이유는 이렇다. 집값 하락과 주택거래 위축으로 부동산 경기의 침체가 가속화되고 있으므로 실물경제에 부담을 주지 않도록 주택, 부동산 시장의 안정화를 추진하겠다는 것이다. 부동산 시장의 안정화라는 단어로 품위 있게 표현을 했지만, 정확히 말하면 실물경제를 살리기 위해 부동산 거래를 활성화시키고 부동산 시장 가격을 상승시키겠다는 말이다. 그렇다면 어떻게 부동산 시장 가격을 상승시키겠다는 말인가? 자료 10을 보면 부동산 시장 과열기에 도입됐던 과도한 규제를 정비해 시장의 정상화를 꾀함을 알 수 있다. 아울러 하우스푸어, 렌트푸어 대책을 적극 실시해 서민과 중산층을 보호하고 주택 가격을 올리겠다고 대통령직인수위원회에서는 주장한다.

자료.10　　　　박근혜 정부 140대 국정과제 중 36번째 부동산 시장 안정화

제18대 대통령직인수위원회

박근혜정부 140대 국정과제

36 | 부동산 시장 안정화

■ 36 부동산 시장 안정화

가. 과제의 개요
○ 집값 하락, 주택거래 위축 등 부동산 경기 침체가 실물경제에 부담을 주지 않도록 주택, 부동산 시장 안정화 추진

나. 주요 추진계획
○ 부동산 규제 정상화
＝ 부동산 시장 과열기에 도입된 과도한 규제를 정비해 부동산 시장 정상화 추진
○ 주택 수급 조정
＝ 공공주택 공급은 임대주택 위주로 전환, 분양주택 공급은 주택시장에 맞게 탄력적으로 조정

박근혜 정부 부동산 정책 변화

그렇다면 대통령직인수위원회에서 제안한 내용대로 박근혜 정부에서는 부동산 시장 가격을 상승시키기 위해 노력했을까? 당연히 "그렇다"고 이야기할 수 있다. 자료 11은 박근혜 정부 초기에 도입됐던 부동산 정책을 기술한 것이다. 사실 박근혜 정부는 부동산 정책에 많은 변화를 시도했다. 과거 부동산 시장의 과열을 막기 위해서 도입했던 과도한 규제 때문에 거의 빈사 상태에 있던 부동산 시장을 정상화시키고 동시에 침체에 빠진 경제를 살리기 위해서 규제를 완화하고 경기를 부양하는 방향으로 부동산 정책을 내놓는다.

2013년 4월 1일, 서민주거안정을 위한 주택시장 정상화 종합대책에서는 대규모 택지 개발 중단을 선언하고 택지개발촉진법 폐지를 언급하며 공공분양주택 공급 축소를 천명한다. 택지개발촉진법은 분당, 일산 등 대규모 신도시 택지개발을 일사불란하게 할 수 있는 개발법이다. 명칭 그대로 촉진법, 즉 특별법의 지위로서 토지수용의 개발방식으로 1기, 2기 신도시 개발에 기여했던 사실상 악법이다.

어쨌든 이러한 신도시를 개발하는 법을 폐지하겠다는 것은 더 이상의 주택공급을 확대하지 않겠다는 의미이자 가족을 죽이고 본인도 자살하려고 했던 30대 가장을 구하기 위한 첫 번째 정책적 시도였다(블로그나 카페에 택지개발촉진법이 폐지됐다고 써놓은 글을 많이 봤는데 아직 택지개발촉진법(법률 제13805호)은 아직 폐지되지 않았다). 아울러 이명박 정부에서 추진해 사실상 민간분양주택과 분양가 차이로 시장 교란의 오명을 쓰고 도마 위에 올랐던 개발제한구역 내 보금자리주택지구 지정 중단을 발표한다. 또한 생애 최초 주택 구입자에게 취득세를 면제하기로 하고 미분양, 신축주택 외에 기존 주택도 1세대 1주택자의 주택을 매입하면 양수인이 다주택자라고 할지라도 양도소득세를 5년간 면제하기로 결정한다. 뒤에 다시 언급하겠지만, 세금을 받지 않겠다는 것은 정부가 투자자에게 마음껏 투자하도록 판을 벌여주는 것이다. 앞으로 여러분의 인생에 이러한 기회가 다시 온다면 하늘의 축복으로 생각하기 바란다.

하지만 침체 일로에 있던 수도권의 부동산 시장이 박근혜 정부의 완화정책 한 번으로 상승기류를 탄다는 것은 불가능한 일이었다. 물리학적 설명을 곁들이지 않더라도 한 방향으로 진행하던 에너지가 반대 방향으로 유턴하려면 더욱 큰 에너지가 필요하며 관성에 의해서 진행되는 방향으로 계속 진행하려는 것이 통상적이고 일반적이다. 이러다 보니 박근혜 정부에서는 기존의 부동산 시장에 박혀있던 대못을 하나둘씩 계속해서 빼기 시작한다. 부동산 시장에 온기가 돌 때까지 지속적으로 규제를 완화하는 것이다.

4.1대책이 시행됐지만 부동산 시장에서 반등이 없자 다시 대책을 발표한다. 2013년 8월 28일 발표된 서민·중산층 주거안정을 위한 전·월세 대책인데 그중 눈에 띄는 것은 취득세율을 영구 인하하는 것이었다. 그 당시 9억 원 이하 1주택 2%, 9억 원 초과·다주택자 4%에서 6억 원 이하는 1%, 6~9억 원은 2%, 9억 원 초과는 3%로 인하하고, 다주택자에 대한 차등 부과도 폐지한 것이다. 거래세의 인하가 부동산 거래를 활성화시키는 데 상당한 역할을 하는 것은 사실이며 다른 부동산은 4%임에 반해, 6억 원 이하 주택의 경우 1%의 취득세는 거래의 부담을 줄여주는 데 확실히 효과가 있다.

이러한 노력에도 불구하고 부동산 시장은 정부가 희망하는 만큼 활기를 띠지 못한다. 그래서 2013년 12월 3일에 4.1, 8.28대책의 후속조치를 발표하고 그해 12월 30일 그 당시 여당과 야당인 새누리당과 민주당이 다주택자양도소득세중과제도를 법령에서 완전히 폐지한다. 양도소득세가 부담스러워 주택 매입을 꺼려하던 주택보유자들에게 투자의 길을 터준 것이다. 이렇게 정부에서는 주택거래를 활성화시키고 침체된 경제를 살리기 위해 투자자들에게 부동산 시장에 적극 참여하도록 정책적으로 지원했다.

이 정도 정부에서 불을 지폈으면 부동산 시장에도 온기가 돌 듯도 한데 시장은 그렇게 단순하게 움직이지 않았고 서서히 미지근하게 바닥을 다지고 있었다. 하지만 이미 오래전부터 부동산 시장에 참여했던 고수들은 투자의 기회가 다가오고 있음을 예감하고 있었다.

자료.11 　　　　　　　　박근혜 정부의 부동산 정책 변화 1

○ 도심 외곽의 대규모 택지 공급을 지양하는 등 공급방식 개편(2013.4.)
= 택지개발촉진법 폐지 언급, 대규모택지개발 중단 선언
(2014.10. 발의, 현재 국토위 계류 중)
= 공공분양주택 공급 축소(연 7만 호→2만 호)
= 생애최초주택구입자 취득세 면제
= 미분양, 신축주택 및 기존주택도 1세대 1주택자
(9억 원, 85제곱미터 이하) 양도소득세 5년간 면제

○ 주택 실수요자를 위한 세제·금융 지원 강화 등 시장기능 강화(2013.8.)
= 취득세율 영구 인하(2~4%→1~3%)

당시 박근혜 정부에서는 경기 활성화 정도가 목표치에 부족하다고 판단했던 것 같다. 그 결정적 증거가 바로 최경환 부총리를 필두로 하는 새 경제팀의 발탁이었다. 정확한 내부 사정은 알 수야 없지만 아마도 박근혜 前 대통령은 최경환 前 부총리에게 화끈

한 정책을 주문한 듯 보인다.

새 경제팀이 당시의 경제 상황을 판단하기를, 내수 부진의 골이 깊어지면서 경제성장률이 둔화되고 고용, 임금, 가처분소득 둔화 등으로 민생경제 회복이 어려워 보인다고 발표했다. 특히 요즘도 정부의 최대 정책현안으로 다뤄지고 있는 가계부채에 대한 대응 방향을 살펴보면 놀라움 그 자체다. '가계부채 규모 억제정책은 가계신용을 제약하게 돼 소비 및 경기둔화를 가져오고 가처분소득의 위축으로 이어져 가계부채를 더욱 악화시키는 악순환이 연출되므로 단편적인 대응에서 종합적이고 과감한 정책을 추진하기로 함' 이라고 새 경제팀은 밝힌다(국토교통부 보도자료, 새 경제팀의 경제정책방향, 2014.7.24.).

글자 그대로 풀어보면 '가계부채를 줄이기 위해서 대출을 막는 정책은 가계의 소비를 하지 못하게 하므로 가계부채 문제를 더욱 악화시키는 것이다. 따라서 과감하게 대출을 더 해줘야 한다'로 이해할 수 있다. 당시 새 경제팀의 경제 상황과 가계부채 문제의 인식을 보면 향후 펼쳐질 경제정책이 경기를 부양하는 방향으로 옮겨갈 것을 어렵지 않게 예상할 수 있다.

그 후 실제 발표된 경제정책들을 살펴보자. 새 경제팀의 부동산 정책 변화의 출발은 아파트 청약제도의 완화다. 분양권시장의 활성화를 통해 시장참여자를 많이 끌어들이겠다는 의도가 내포돼있다. 나아가 주택담보대출규제를 완화하고 LTV(주택담보대출비율)와 DTI(총부채상환비율)를 전 금융권에 70%로 일괄 적용하는 조치를 취한다. 시중에 통화량이 넘쳐나는 계기가 되는 것이었다. 이러한 조치는 부동산 시장 참여자에게 '빚을 내서 집을 사라'는 시그널을 주기에 충분했다. 아울러 재건축 연한규제를 최장 40년에서 30년으로 축소하면서 강남을 비롯한 재건축시장에 일대 호재로 작용한다. 잠시 후에 살펴보겠지만 이러한 새 경제팀의 정책들이 발표되면서 부동산 시장은 온기를 넘어 뜨거워지기 시작한다.

자료.12   박근혜 정부의 부동산 정책 변화 2

○ 새 경제팀(최경환)의 경제 정책, 친시장적 정책 가속화(2014.9.)
  = 수도권 청약 감점항복 폐지, 1~2순위 통합 및 기간 단축(2년→1년)
  = 주택담보대출 규제 완화
  = (LTV·DTI) 전 금융권 70%로 일괄 적용
  = 재건축 연한 규제 완화(최장 40년→30년)

○ 시장 과열기에 도입된 부동산 3법 개정(2014.12.)
  = 분양가상한제(민간택지) 폐지
  = 재건축 초과이익 환수제 적용 유예기간 3년 연장
  = 수도권 과밀억제권역 재건축 조합원 주택 수 제한 완화(1주택→3주택)
  = 정비사업 동의서 재사용(2015.9.)
  = 재건축 동별 동의율 축소(2015년 9월 발표 / 2016년 1월 시행)

새 경제팀 부동산 정책 중 화려한 불꽃을 피우게 되는 것은 바로 민간택지의 분양가 상한제 폐지였다. 2014년 12월 23일, 국토교통부 보도자료 '부동산 3법 통과 여야 합의 보도 관련' 내용을 살펴보면 고소득층의 고급주택 구입을 유도해 건설시장을 활성화하고 재개발, 재건축사업의 경우 조합원의 부담을 완화시켜 사업을 촉진하며 도심 내 주택공급과 거래 활성화 및 전세난 완화에 기여하기 위해서 민간택지의 분양가 상한제를 폐지하겠다고 했다. 분양가상한제 폐지 시 조합원의 부담금은 평균 9.7% 줄어드는 시뮬레이션 결과까지 보여주며 분양가 상한제 폐지의 당위성을 주장한다. 분양가 상한제 폐지의 옳고 그름을 판단하는 것은 별개의 문제로 생각하고 단순하게 보더라도 분양가 상한제가 폐지되면 신축아파트의 분양가가 올라감에 따라 기존 아파트 역시 신축아파트 분양가 상승에 동조하는 현상이 나타나게 되므로 전체적인 부동산 시장 가격이 상승될 수밖에 없다. 아울러 재건축 초과이익 환수제 적용을 3년 더 유예하고 수도권 과밀억제권역 재건축 조합원 주택 수 제한을 완화했다. 2015년 9월에는 정비사업장에 일정한 조건을 충족할 경우 동의서 재사용이 가능하도록 했으며 재건축사업장의 동별 동의율을 3분의 2에서 2분의 1로 축소가 가능하도록 법령이 개정된다. 이러한 법령의 개정은 재개발, 재건축사업구역 내

3시간 공부하고 30년 써먹는
부동산 시장 분석 기법

부동산 가격을 상승시키게 되는 에너지로 작용하게 된다.

아궁이와 구들장

　정부에서 내놓은 부동산 정책의 변화는 고스란히 부동산 시장에 영향을 끼친다. 물론 규제를 완화한다고 해서 곧바로 시장이 격렬하게 반응하지는 않는다. 계속된 조정장에서 투자 손실 또는 자산의 축소로 이어졌기 때문에 시장참여자들이 대거 참여해야만 하는 상승장으로의 전환은 쉽사리 이뤄지지 않는다. 하지만 정부의 지속적인 부동산 규제 완화는 시장을 회복시키고 활성화 전환에 성공하게 된다.

　자료 13은 시골 외갓집에 있을 법한 한국 아궁이와 구들장 사진이다. 구들장은 흔히 사용하는 전기장판과 달리 아궁이에 불을 때도 짧은 시간에 구들장이 따뜻해지지 않는다. 방바닥에 해당하는 구들장의 돌 두께가 두꺼워서 데워지는 시간이 많이 필요하기 때문이다.

자료.13　　　　　　　　　　아궁이와 구들장

국립민속박물관

　이와 비슷한 메커니즘은 여러 곳에 있겠지만 그중 하나가 바로 부동산 시장이다. 부동산 시장을 활성화시키기 위해서 정부에서 추진하는 처음 한두 개의 정책실행으로 시장이 급격하게 반등하지 않는다. 지속적인 규제 완화 정책의 실행을 여러 번 거듭하게 되면서 서서히 시장에 온기가 돌기 시작한다. 그러던 중 어느 시점에서 탄력을 받게 되고 그 순간부터는 급격하게 시장이 달아오르게 된다. 아이러니하게 한번 달아오르기 시작한 시장은 정부에서 규제 완화 정책을 더 이상 내놓지 않아도 관성에 의해서 지속적인 활황세를 나타내게 된다. 부동산 시장 가격이 상승함에 따라 시장에 참여하는 사람들도 급격하게 늘어나게 된다. 투자 심리가 확산

되면서 부동산 시장은 브레이크 없는 질주를 하게 된다.

달구어진 구들장은 아궁이에 장작을 빼내도 벌겋게 달아오른다. 달아오른 부동산 시장 역시 이와 다를 바 없다.

자료.14 장작을 빼내도 달궈진 구들장은 결국 방바닥을 태운다.

정부에서 사라면 사라

자료 15는 전국 주택매매가격 종합지수다. 2013년 박근혜 前 대통령이 취임한 2013년 2월이 93.3인데 몇 달 동안 93.3을 나타내다가 그해 8월에는 93.2로 떨어졌다가 2014년 6월까지 지수가 상승하는 속도가 미미하다. 앞에서 살펴본 대로 박근혜 前 대통령 취임 후 여러 가지 부동산 시장 부양정책을 발표했지만 시장의 반응은 냉담했다는 사실을 알 수 있다. 그러다 새 경제팀이 활동하는 2014년 7월부터 부동산 시장은 급격하게 반등하게 된다.

자료.15

월간 주택매매가격 종합지수

	1月 January	2月 February	3月 March	4月 April	5月 May	6月 June	7월 July	8월 August	9月 September	10월 October	11월 November	12月 December
1986년	36.7	36.7	36.7	36.5	36.3	36.1	36.0	36.0	36.0	36.0	35.8	35.7
1987년	35.7	35.6	35.5	35.6	35.6	35.6	35.7	35.8	37.2	37.7	38.2	38.2
1988년	38.7	39.7	40.6	41.5	41.9	42.2	42.6	43.7	43.6	43.5	43.2	43.3
1989년	43.8	45.2	46.4	48.3	48.7	48.8	48.7	48.7	48.8	49.1	49.4	49.6
1990년	50.0	52.5	53.7	55.4	56.0	56.2	56.4	56.8	58.3	59.1	59.8	60.0
1991년	60.4	61.1	62.1	63.5	63.4	63.2	62.9	62.6	62.4	62.0	60.7	59.7
1992년	59.4	59.3	59.2	58.8	58.2	57.5	57.1	57.1	57.6	57.5	57.1	56.7
1993년	56.6	56.9	56.9	56.6	56.3	56.0	55.7	55.5	55.4	55.4	55.2	55.1
1994년	55.1	55.2	55.2	55.1	55.0	55.0	54.9	55.0	55.1	55.1	55.0	55.0
1995년	55.0	55.0	55.0	55.0	55.0	55.0	54.9	54.9	55.0	55.0	54.9	54.9
1996년	55.0	55.1	55.3	55.3	55.3	55.3	55.3	55.3	55.5	55.5	55.7	55.8
1997년	56.4	56.9	57.1	57.1	57.1	57.1	57.0	57.1	57.2	57.2	57.1	56.9
1998년	56.4	55.7	54.2	52.6	51.4	50.6	50.4	50.4	50.2	49.8	49.7	49.8
1999년	50.4	50.5	50.7	50.8	50.9	50.9	51.0	51.4	51.7	51.8	51.6	51.5
2000년	51.7	51.9	52.1	52.2	52.1	52.0	52.0	52.1	52.2	52.2	52.1	51.7
2001년	51.7	51.9	52.2	52.5	52.9	53.3	54.0	55.0	55.9	56.2	56.4	56.9
2002년	58.3	59.8	61.2	61.8	62.2	62.5	63.1	64.2	65.7	66.0	66.1	66.2
2003년	66.1	66.5	67.0	67.6	68.7	69.2	69.3	69.5	70.1	70.1	70.8	70.0
2004년	69.7	69.8	70.0	70.1	70.1	69.9	69.7	69.4	69.3	69.1	68.8	68.5
2005년	68.4	68.6	68.8	69.2	69.6	70.2	70.8	71.0	71.2	71.2	71.2	71.3
2006년	71.5	71.9	72.3	73.0	73.7	74.1	74.2	74.4	74.7	75.8	78.1	79.6
2007년	80.3	80.6	80.7	80.8	80.8	80.9	81.2	81.3	81.5	81.7	81.9	82.1
2008년	82.3	82.5	83.2	83.9	84.4	84.9	85.3	85.4	85.6	85.6	85.2	84.6
2009년	84.1	83.9	83.8	83.8	83.9	84.1	84.3	84.6	85.2	85.5	85.7	85.9
2010년	86.0	86.2	86.4	86.6	86.6	86.6	86.6	86.5	86.6	86.8	87.1	87.5
2011년	87.9	88.6	89.4	90.2	90.8	91.3	91.6	92.1	92.6	93.0	93.3	93.5
2012년	93.6	93.8	93.9	94.0	94.1	94.0	93.9	93.8	93.7	93.6	93.5	93.5
2013년	93.4	93.3	93.3	93.3	93.3	93.3	93.3	93.2	93.3	93.5	93.6	93.8
2014년	93.9	94.1	94.3	94.5	94.6	94.6	94.7	94.9	95.1	95.4	95.6	95.8
2015년	95.9	96.1	96.5	97.0	97.3	97.8	98.2	98.6	99.1	99.4	99.8	100.0
2016년	100.1	100.2	100.2	100.2	100.3	100.4	100.5	100.6	100.8	101.0	101.3	101.4
2017년	101.4	101.4	101.4	101.5	101.5	101.7						

　　박근혜 정부 월간 주택매매가격 종합지수를 자료 16과 같이 그래프로 나타내보면 확연한 차이를 느낄 수 있다. 2012년부터 2014년 중반부까지 종합지수 그래프가 횡보하고 있다가 2014년

3시간 공부하고 30년 써먹는
부동산 시장 분석 기법

후반부터 급격한 기울기로 상승하는 형태를 볼 수 있다. 박근혜 정부의 새 경제팀이 경제정책을 내놓기 시작한 2014년 7월부터 한국의 주택매매가격은 급격하게 상승했다. 자료 16 그래프는 전국의 평균지수를 나타낸다. 지역별로 편차가 있으나 인기 지역의 경우 평균 상승률에 비해 매우 높은 상승률을 기록했다. 정부에서 부동산 시장의 부양책을 지속적으로 쓰게 되면 결국 부동산 시장의 가격은 상승할 수밖에 없다. 정부에서 사라면 사야 하는 이유다.

자료.16　　　　1986~2017 각 연도 1월 주택매매가격 종합지수 그래프

투기과열지구와 떴다방

지금까지 부동산 시장의 상승에 영향을 주는 정책에 대해 알아 봤다. 이제부터는 부동산 시장의 흐름이 반대 방향으로 흐르는 조정국면에 영향을 주는 부동산 정책에 대해서 알아보도록 하자. 이미 앞에서 이야기한 바 있지만 필자는 부동산 시장 하락이라는 표현보다는 조정이라는 말을 쓴다. 이유는 전체적인 부동산 시장의 평균가격 추이를 볼 때 오일쇼크, 외환위기, 글로벌 금융위기 등 몇 차례 국내외적 충격적 사건이 발생했을 경우를 제외하고는 상승폭에 비해서 하락의 폭은 그리 크지 않기 때문이다. 따라서 하락이라는 표현보다는 조정이라는 표현을 사용하는 것이 적절한 표현이라 생각한다.

이제 2002년으로 거슬러 올라가서 당시의 부동산 시장 상황을 알아보도록 하자. 2002년 5월 10일 〈동아일보〉 기사 헤드라인 중 '용인—분당 일부 투기과열지구 지정될 듯'이 눈에 띈다.(자료17)

요약하자면 용인—분당 일부 지역이 아파트 가격 급등 조짐을 보여 투기과열지구로 지정하기 위해 국토교통부와 경기도가 협의 중이라는 것, 투기과열지구로 지정되면 아파트 분양권을 사고팔기 힘들다는 것과 매매를 할 경우 형사처벌을 받는다는 내용이다. 내용 그대로 본다면 당시 투기과열지구로 지정해야 할 만큼 부동산 시장이 활황세를 나타내고 있었다고 이해하면 된다. 신문기사를 한 가지 더 살펴보자.

이틀 뒤인 2002년 5월 12일, 〈파이낸셜〉의 기사다. 헤드라인이 '용인·분당 아파트시장 떴다방 몰려 분양 과열'이다. 경기 용인·분당권역이 투기과열지구로 지정되기 전에 내 집 마련을 하기 위해서 아파트 분양시장에 대거 몰리고 있다는 내용인데 정부 발표 이후 주말에 수도권 모델하우스에는 많은 인파가 하루 종일 몰렸으며 모델하우스 앞에 떴다방까지 가세하고 있다는 내용 그리고 이러한 현상은 분양권 전매 등으로 매매차익을 얻으려는 가수요가 더해져서 빚어진 결과라고 진단하고 있다.

지금으로부터 15년 전 이야기이지만 그 당시 부동산 시장을 읽기에는 부족함이 없어 보인다. 그야말로 활황세 그 자체이며 상승세를 진정시키기 위해 정부에서는 해당 지역을 투기과열지구로 지정하려고 하는데 오히려 투기과열지구로 지정되기 전에 내 집 마련을 하겠다는 생각에 더욱 활황을 띠고 있다.

당선일 2002.12.19
취임일 2003.02.25

동아일보

[부동산]용인-분당일부 투기과열지구 지정될듯

기사입력 2002-05-10 18:22 | 최종수정 2002-05-10 18:22　　0 ✎ 👍추천해요

서울에 이어 경기 용인시와 분당신도시 일부지역도 투기과열지구로 지정될 전망이다. 건설교통부는 10일 용인과 분당지역의 아파트값이 급등 조짐을 보여 이지역을 투기과열지구로 지정할 것을 경기도와 협의 중이라고 밝혔다. 건교부는 그러나 동(洞)별로 가격상승 압력이 다른 만큼 이를 감안해 특정 지역만 투기과열지구로 지정할 계획인 것으로 알려졌다. 투기과열지구로 지정되면 아파트 중도금을 2회 이상 납부하고 계약일로부터 1년이 지나야 분양권을 사고 팔 수 있다. 이를 어기면 2년 이하의 징역 또는 2000만원 이하의 벌금을 물어야 한다. 황재성기자 jsonhng@donga.com

파이낸셜뉴스

용인·분당 아파트시장 떴다방 몰려 분양 과열

기사입력 2002-05-12 17:40 | 최종수정 2002-05-12 17:40　　0 ✎ 👍추천해요

경기 용인·분당권역에 투기과열지구로 지정되기 전에 내집을 마련하려는 수요자들이 수도권 아파트 분양시장에 대거 몰리고 있다. 건설교통부가 지난 10일 용인과 분당 일부지역을 투기 과열지구로 지정하겠다고 발표한 뒤 첫 주말을 맞은 11·12일 수도권 모델하우스에는 종전보다 훨씬 많은 인파가 몰려 하루종일 붐볐다. 주택건설업계와 부동산중개업계는 용인지역은 청약 경쟁이 치열한데다 일부 아파트 모델하우스에는 '떴다방'까지 가세하고 있다고 12일 밝혔다.

이는 경기 용인·분당 지역에 투기과열지구로 지정되기 전에 내집을 마련하려는 수요자들과 분양권 전매 등으로 매매차익을 얻으려는 가수요가 더해진 결과로 풀이된다. 경기 남양주 도농동에서 분양하는 '남양 i·좋은집'의 서울 중랑구 상봉동 모델하우스에는 11일 오픈 후 주말방문객이 1만5000명을 넘어서 분양당첨자들은 관람객 줄 세우기에 바빴다.

대우건설의 김일두 과장은 "수도권 아파트 분양열기는 지난달 서울지역의 분양권 전매제한 발표가 있은 후 급격히 확산되고 있다"며 "경기 용인과 남양주 등이 최대 관심지역으로 떠오르고 있다"고 말했다. 그는 "가수요가 일부 가세하고 있으나 전반적으로 실수요자들이 시장을 주도하고 있다"고 설명했다. / leegs@fnnews.com 이규성 신선종기자

부동산 폭등, 기필코 잡겠다

이 당시의 정치 상황을 잠시 이야기하면 김대중 前 대통령 정권 말기로 외환위기 여파가 마무리되고 경제 상황이 차차 나아지고 있었다. 아파트의 수요는 점점 많아지는데 지난 몇 년간 공급이 부족해 그야말로 아파트 가격은 천정부지로 치솟고 있었다. 이 시장 상황을 그대로 물려받은 사람이 바로 노무현 前 대통령이다. 노무현 대통령은 2002년 12월 19일 당선돼 2003년 2월 25일에

취임했다. 우리가 잘 알다시피 노무현 대통령은 서민의 대통령을 자처하는 사람으로 서민의 민생고에 대해서 많은 관심과 노력을 기울이려 했던 분이다.

국토정책 역시 수도권과 지방의 격차를 줄이기 위한 정책을 펼쳤고 지방으로의 권력 이전을 위해서 많은 노력을 했다. 또한 부동산 가격 폭등을 서민의 가장 큰 적으로 규정하고 부동산 투기 억제를 위한 정책을 추진과제로 삼고 실행에 옮겼다.

자료 18은 노무현 대통령 취임 100일 연설문 중 부동산 정책 관련 내용이다. 그는 부동산 가격 폭등을 기필코 잡겠다고 천명하고 서민 생활 안정에 모든 노력을 쏟겠다고 연설한다.

자료.18

노무현 대통령 취임 1백일 연설문

프레시안

"부동산 폭등 기필코 잡겠다" - <노대통령 취임 1백일 연설문 및 역점 추진과제> ⊙본문듣기 ◎설정

기사입력 2003-06-02 11:52　최종수정 2003-06-02 11:52　💬 0 ┃ 👍 공감해요

노 대통령은 특히 "이제부터는 국정의 중심을 경제 안정, 그중에서도 서민생활의 안정에 두고 모든 노력을 쏟겠다"며 특히 "서민생활의 가장 큰 적인 부동산 폭등은 기필코 잡아가겠다"고 다짐했다. 청와대 비서실 이정우 정책실장은 이날 노 대통령의 이 같은 약속과 관련, 부동산 투기 억제 등 주요현안에 대한 향후 역점 추진과제를 밝혔다.

이정우 청와대 정책실장은 부동산 가격 안정대책과 관련, "5·23 부동산 안정대책만으로 끝내지 않고 미흡하다고 판단될 경우 더욱 강도 높은 대책을 마련하겠다"면서 "수도권 30만 호를 포함, 금년 중 50만 호의 주택을 건설하고 판교 신도시는 금년 말까지, 파주와 김포는 내년 말까지 개발계획을 수립하겠다"고 말했다.

그렇다면 과연 노무현 대통령은 어떻게 과열된 부동산 시장을 진정시키고자 했을까? 아마 당시 노무현 대통령은 부동산 시장을 진정시키는 정도가 아니라 아예 가수요 세력의 뿌리를 뽑으려 했다는 생각이 든다. 2003년 5월 23일, 노무현 정부가 출발한 지 얼마 되지 않아 주택가격 안정대책을 발표하면서 부동산 시장 규제책을 쏟아내기 시작한다. 투기과열지구를 수도권 과밀억제권역 및 성장관리권역과 충청권 일부 지역으로 대폭 확대해 분양권 전매를 전면 금지하고 재건축사업구역의 안전진단 기준을 강화한다.

또한 부동산 시장 활성화 에너지인 분양권 거래와 재건축사업에 규제를 시작했다. 그러나 정부의 의도만큼 부동산 시장이 안정되지 못하자 더욱 강도 높은 규제를 2003년 9월 5일 발표한다. 재건축시장 안정대책은 주로 재건축사업장을 타깃으로 삼았는데 상당히 위력적이었다. 바로 투기과열지구 내 재건축사업장의 경우 재건축조합이 설립인가를 받게 되면 이후에는 해당 사업장의 아파트를 매매할 수는 있으나 승계조합원은 현금청산자로 분류가 돼 조합원의 지위를 잃게 되는 제도의 시행이다. 쉽게 말해 새로 지어지는 아파트의 입주권이 상실되는 것이다. 아울러 수도권 과밀억제권역 재건축사업장은 전용 85㎡ 이하 중소형 아파트의 비율을 60% 이상 건축하도록 의무화했다.

이같이 두 차례의 강력한 규제정책에도 불구하고 부동산 시장은 아랑곳하지 않고 상승세를 보인다. 앞서 설명한 대로 일단 상승세를 타게 되면 쉽사리 상승 국면이 꺾이지 않는 것이 부동산 시장의 특성이다. 그러므로 부동산 시장의 과열이 진정되지 않을 경우, 더욱 강도 높은 규제책이 나올 것이라는 사실은 이미 불 보듯 뻔했다.

한 가지 여담을 해보자면, 부동산 규제책은 우리가 바퀴벌레를 잡는 모습과 흡사하다. 집에 바퀴벌레가 들어오면 일반적으로 바로 죽이지 않고 손으로 살짝 때려 기절시킨다. 죽을 정도의 강도로 세게 때려버리면 내장 등의 파편이 튀어 손바닥이나 집을 지저분하게 만들기 때문이다. 만약 바퀴벌레가 첫 번째의 타격만으로 기절한다면 간단하게 마무리할 수 있다. 그러나 바퀴벌레가 기절하지 않고 펄펄 살아서 도망간다면 더욱 쎈 강도로 때리게 된다. 두 번째 타격은 첫 번째의 타격에 비해 강도가 높다. 그렇게 강도를 높여서 때렸음에도 기절하지 않으면 세 번째 타격은 때리는 사람의 감정까지 실려서 자신이 가진 모든 힘을 동원해 두드려 잡게 된다.

부동산 시장을 진정시키기 위해서 규제정책을 발표할 때도 바퀴벌레 잡기와 다를 바 없다. 정부는 투기 세력이라고 규정한 집

단을 바퀴벌레 보듯이 하며 때려잡아야 한다고 판단한다. 정부 또한 처음부터 강력한 규제정책을 내놓는 것이 아니라 약한 규제부터 시작한다. 그런데 부동산 시장이 정부가 희망하는 대로 진정되지 않고 상승세를 이어간다면 점점 더 강도 높은 수준의 규제정책이 나오게 된다.

자료.19   투기세력과 동일하게 취급되는 바퀴벌레

노무현 정부 부동산 정책 변화

계속해서 이야기를 이어나가 보자. 두 차례의 규제정책 발표에도 부동산 시장이 진정되지 않음에 따라 2003년 10월 29일, 더욱 강력한 부동산 시장 규제책인 주택시장안정 종합대책을 발표한다. 투기지역의 LTV를 50%에서 40%로 강화해서 대출을 규제하고 종합부동산세를 도입하면서 분양권전매자와 투기혐의자에 대한 세무조사를 실시하기로 한다. 무엇보다 강력한 것은 다주택 소유자를 잠재된 투기수요세력으로 보고 양도소득세를 중과하기로 한 것인데 1가구 3주택자에게 양도소득세를 60% 부과하는 정책을 시행한다. 다주택자들은 주택을 팔고 싶어도 양도소득세 때문에 팔 수 없는 고난의 시기가 도래하게 된다.

자료.20   노무현 정부의 부동산 정책 변화 1

○ 주택 가격 안정대책(2003.5.23.)
  = 수도권 투기과열지구 지정으로 분양권 전매 전면금지
  = 재건축 안전진단 기준 대폭 강화
  = 1순위 자격제한 및 5년간 재당첨 금지

○ 부동산 시장(재건축아파트 가격) 안정대책(2003.9.5.)
  = 투기과열지구 내 재건축조합설립인가 후 조합원 지위 양도금지
  = 수도권 과밀억제권역 재건축사업 중소형 60% 이상 의무화

○ 주택시장안정종합대책(2003.10.29.)
  = 투기지역 LTV 50%→40% 강화 / 실거래가 과세
  = 종합부동산세 도입, 서울 강남 등 분양권전매자, 투기혐의자 세무조사
  = 1가구 3주택자 양도세 중과(60%)
  = 대구, 울산, 광주, 부산 투기과열지구 지정 확대, 토지거래허가구역 확대

　노무현 정부의 부동산 시장 규제정책은 대통령 임기 동안 지속적으로 시행된다. 2003년 발표된 규제정책에 이어 2004년에는 2003년 10월 29일에 발표됐던 규제정책의 시행과 그 시행 과정에서 돌출된 문제점을 보완하는 데 노력을 기울였고 2005년 8월 31일은 당시 지방 시장을 초토화시켜서 지금도 회자되고 있는 유명한 8.31 조치를 발표한다. 양도소득세 과세를 위해서 부동산 거래가격을 실제 거래가격으로 신고하는 것을 의무화하고 신고된 거래가격을 등기부에 기재하는 방안을 추진한 것이다.

　아울러 종합부동산세를 가구별로 합산해 부동산 소유자를 압박했다. 그러나 무엇보다도 충격적인 것은 1가구 2주택에 대해서 양도소득세를 50%로 중과세하는 조치였다. 단순히 주택을 2채 갖고 있다는 이유로 양도소득세 중과를 시행해 부동산 거래를 위축시키고 자연스럽게 공급돼야 할 물량을 강제적으로 축소되게 만든 정책을 시행했던 것은 현재까지도 이해할 수 없는 정책이라 생각한

다. 그렇다고 해서 이러한 반시장적 부동산 규제정책이 부동산 가격 상승을 진정시키지도 못했다. 노무현 정부 초기부터 시행했던 부동산 규제정책들은 다주택 보유자의 주택 거래를 포기하게 했고 자연스레 실수요자들도 주택 구매가 어려워졌다. 정책의 후유증으로 임기 중후반에는 오히려 부동산 시장 가격 상승을 초래했다. 결과적으로 시장 상황이 의도한 대로 흘러가지 않음에 따라 노무현 정부는 임기 후반까지도 끊임없이 규제책을 내놓아야 하는 딜레마에 빠지게 된다.

자료.21 　　　　　　　노무현 정부의 부동산 정책 변화 2

○ 2004년 부동산 저책은 10.29 대책의 시행과 보완의 목적
○ 서민주거안정과 부동산 투기억제를 위한 부동산 제도 개혁방안(2005.8.31.)
　= 양도소득세 과제 실거래가 신고 의무화 / 실거래가 등기부 기재
　= 종합부동산세 가구별 합산, 6억 원 이상으로 확대
　= 1가구 2주택 양도세 중과(50%)
　= 개발이익환수, 기반시설부담금제 도입

○ 서민주거복지 증진과 주택시장 합리화 방안(2006.3.30.)
　= 주택거래 신고지역 자금조달 계획 신고
　= 재건축 관리감독기능 강화, 개발이익 환수 방안 마련

○ 부동산 안정제도 개편방안(2007.1.11.)
　= 다주택보유자 주담대출 규제강화, 투기지역 담보대출 1인 1건 제한
　= 분양가 상한제, 분양원가를 민간택지로 확대
　= 수도권 민각택지 주택 전매제한기간 확대

매 맞는 데 장사 없다

하지만 한 가지 중요한 사실이 있다. 언론에서는 노무현 정부 때 역대 정부 중 부동산 시장 가격이 가장 많이 올랐다고 주장한다. 언론뿐만 아니라 관련 논문이나 연구기관의 보고서에도 항상 나오는 이야기다. 특히 임기 5년간 서울시 아파트 가격이 56%나 상승했다고 주장하는 것은 단골 메뉴다. 아울러 규제가 있어도 부동산 시장 가격은 상승한다고 하며 그 근거로 노무현 정부 때 부동산 시장 가격 상승률을 제시한다. 실제 데이터상으로도 2003년 3월부터 2008년 2월까지 재임 기간 전국의 부동산 시장 가격 상승률을 보면 분명히 맞다. 그러나 노무현 정부의 2003년 10월 29일 발표된 주택시장안정 종합대책이 시행되고부터인 2003년 11월부터 2005년 7월까지의 상승률을 보면 오히려 마이너스를 기록하고 있다. 정리하면 노무현 정부 전체 재임 기간에는 다른 정권에 비해서 부동산 시장 가격 상승률이 높지만 강력한 규제정책을 실행한 초기 일정 기간은 상당 폭의 조정을 보였다는 사실이다.

자료 22는 주택매매가격 종합지수다. 노무현 정부 출범 시기인 2003년 3월 종합지수가 67에서 재임 기간 마지막인 2008년 2월 82.5로 23% 상승했다. 그러나 부동산 규제정책이 한창 영향을 미치던 2003년 11월부터 2005년 7월까지의 종합지수를 월별로 나열해보면 70.6, 70, 69.7, 69.8, 70, 70.1, 70.1, 69.9, 69.7, 69.4, 69.3, 69.1, 68.8, 68.5, 68.4, 68.6, 68.8, 69.2, 69.6, 70.2, 70.8 등으로 2003년 11월 지수인 70.6 기점으로 21개월 후인 2005년 7월 70.8로 회복하기까지 상당 기간 조정국면을 맞이했다. 언론에서는 노무현 정부 재임 기간 60개월 동안 계속 부동산 시장 가격이 상승한 것처럼 보도하고 있지만 이는 단순히 취임 시점과 퇴임 시점 두 시점의 상승률만 계산한 결과다. 실제 재임 기간 동안의 주택매매 종합지수를 월별로 들여다보면 60개월 중 21개월은 부동산 시장이 침체됐다.

월간 주택매매가격 종합지수

	1月 January	2月 February	3月 March	4月 April	5月 May	6月 June	7月 July	8월 August	9月 September	10月 October	11月 November	12月 December
1986년	36.7	36.7	36.7	36.5	36.3	36.1	36.0	36.0	36.0	36.0	35.8	35.7
1987년	35.7	35.6	35.5	35.6	35.6	35.6	35.7	35.8	37.2	37.7	38.2	38.2
1988년	38.7	39.7	40.6	41.5	41.9	42.2	42.6	43.7	43.6	43.5	43.2	43.3
1989년	43.8	45.2	46.4	48.3	48.7	48.8	48.7	48.7	48.8	49.1	49.4	49.6
1990년	50.0	52.5	53.7	55.4	56.0	56.2	56.4	56.8	58.3	59.1	59.8	60.0
1991년	60.4	61.1	62.1	63.5	63.4	63.2	62.9	62.6	62.4	62.0	60.7	59.7
1992년	59.4	59.3	59.2	58.8	58.2	57.5	57.1	57.1	57.6	57.5	57.1	56.7
1993년	56.6	56.9	56.9	56.6	56.3	56.0	55.7	55.5	55.4	55.4	55.2	55.1
1994년	55.1	55.2	55.2	55.1	55.0	55.0	54.9	55.0	55.1	55.1	55.0	55.0
1995년	55.0	55.0	55.0	55.0	55.0	55.0	54.9	54.9	55.0	55.0	54.9	54.9
1996년	55.0	55.1	55.3	55.3	55.3	55.3	55.3	55.3	55.5	55.6	55.7	55.8
1997년	56.4	56.9	57.1	57.1	57.1	57.1	57.0	57.1	57.2	57.2	57.1	56.9
1998년	56.4	55.7	54.2	52.6	51.4	50.6	50.4	50.4	50.2	49.8	49.9	49.8
1999년	50.4	50.5	50.7	50.8	50.9	50.9	51.0	51.4	51.7	51.8	51.6	51.5
2000년	51.7	51.9	52.1	52.2	52.1	52.0	52.0	52.1	52.2	52.2	52.1	51.7
2001년	51.7	51.9	52.2	52.5	52.9	53.3	54.0	55.0	55.9	56.2	56.4	56.9
2002년	58.3	59.8	61.2	61.8	62.2	62.5	63.1	64.2	65.7	66.0	66.1	66.2
2003년	66.1	66.5	67.0	67.6	68.7	69.2	69.3	69.5	70.1	70.8	70.6	70.0
2004년	69.7	69.8	70.0	70.1	70.1	69.9	69.7	69.4	69.3	69.1	68.8	68.5
2005년	68.4	68.6	68.8	69.2	69.6	70.2	70.8	71.0	71.2	71.2	71.2	71.3
2006년	71.5	71.9	72.3	73.0	73.7	74.1	74.2	74.4	74.7	75.8	78.1	79.6
2007년	80.3	80.6	80.7	80.8	80.8	80.9	81.2	81.3	81.5	81.7	81.9	82.1
2008년	82.3	82.5	83.2	83.9	84.4	84.9	85.3	85.4	85.6	85.6	85.2	84.6
2009년	84.1	83.9	83.8	83.8	83.9	84.1	84.3	84.6	85.2	85.5	85.7	85.9
2010년	86.0	86.2	86.4	86.6	86.6	86.6	86.6	86.5	86.6	86.8	87.1	87.5
2011년	87.9	88.6	89.4	90.2	90.8	91.3	91.6	92.1	92.6	93.0	93.3	93.5
2012년	93.6	93.8	93.9	94.0	94.1	94.0	93.9	93.8	93.7	93.6	93.5	93.5
2013년	93.4	93.3	93.3	93.3	93.3	93.3	93.3	93.2	93.3	93.5	93.6	93.8
2014년	93.9	94.1	94.3	94.6	94.6	94.6	94.7	94.9	95.1	95.4	95.6	95.8
2015년	95.9	96.1	96.5	97.0	97.3	97.8	98.2	98.6	99.1	99.4	99.8	100.0
2016년	100.1	100.2	100.2	100.2	100.3	100.4	100.5	100.6	100.8	101.0	101.3	101.4
2017년	101.4	101.4	101.4	101.5	101.5	101.7						

이는 주택매매종합지수를 그래프로 나타내보면 확연하게 드러난다. 자료 23은 1986~2017년 각 연도 1월 주택매매가격 종합지수 그래프다. 표시된 부분과 같이 2003~2005년 중 약 21개월간 급격한 조정을 보였음을 알 수 있다. 즉, 노무현 대통령 재임 기간 전체를 봤을 때는 상승률이 높지만, 규제정책을 시행한 후 일정 기간 동안은 큰 조정을 보였다.

상승 국면에서 계속적인 상승을 예상하고 자신의 재정 능력 이상으로 과도한 투자를 한 사람이라면 조정국면을 맞이할 경우 견디기 힘든 고난의 시기가 다가오게 되며 투자 손실로 이어질 가능성이 매우 크다.

정부 정책을 무시한 투자 행동은 대가를 톡톡히 치르게 된다. 이제 우리가 이제까지 오해하고 있었던 한 가지 오류를 바로잡아야 한다. 언론과 각종 보고서에서는 노무현 정부가 부동산 규제정책을 남발했음에도 불구하고 부동산 시장 가격을 대폭 상승시켰다고 주장한다. 규제를 아무리 해도 부동산 시장의 활황세를 꺾을 수 없는 것처럼 이야기한다. 특히 규제정책에 대해서 비판적인 시각을 갖는 진영의 사람들이 이러한 주장을 많이 한다.

물론 장기적 측면에서 바라보면 분명 틀린 주장은 아니다. 부동산 시장 가격이 부동산 정책 한 가지만의 영향으로 상승과 조정이 일어나는 건 아니며 수요와 공급, 대내외적 시장 상황 등 복합적으로 작용하기 때문이다. 하지만 정부가 부동산 규제정책을 강력하게 시행하면 일정 기간 부동산 시장은 냉각될 수밖에 없다.

따라서 우리가 공부해야 할 시사점은 정부 정책으로 부동산 시장이 침체될 때 어떻게 대응해야 하는가다.

1986~2017 각 연도 1월 주택매매가격 종합지수 그래프

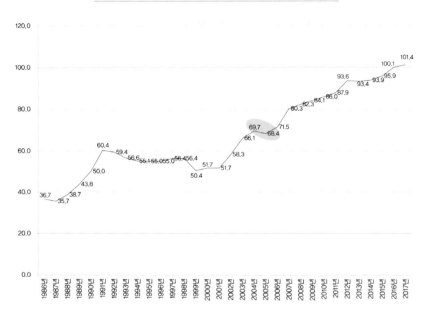

김대중 정부 부동산 정책 변화

지금까지 우리는 상승 국면의 박근혜 정부 부동산 활성화정책과 조정 국면의 노무현 정부 규제정책을 살펴봤다. 그렇다면 드라마틱하게 표현할 수 있는 두 정부 외에 다른 정부에서는 어떠한 상황이었을까? 합리적 의심을 하는 독자라면 '필자가 필자의 입맛에

맞는 두 정부만 사례로서 제시하는 것이 아닌가?'라고 반문할 수 있다. 그렇다면 다른 정부의 사례도 살펴보기로 하자.

김대중 정부의 경우 IMF 경제위기를 맞아 부동산 시장의 침체와 함께 급격하고도 심각한 부동산 가격 하락을 겪었다. 이에 따라 수요는 크게 위축됐으며 부동산 시장은 거의 절명 상태였다. 여담이지만 외환위기가 한창일 때는 다들 부동산으로 수익을 볼 수 있는 시대는 끝났다고 주장했다. 주택은 사는 곳(거주 공간)이지 사는 것(투자 물건)이 아니라고 하며 부동산 투자의 시대는 막이 내렸다고 했다.

국민 대부분이 이 의견에 동조하는 분위기였고 누구도 부동산 투자에 관심을 두는 사람이 없었다. 굴지의 건설사와 은행이 무너지고 실업자가 넘쳐났으며 가처분소득이 줄어들어 삶이 팍팍한 사람들이 넘쳐나던 시절이었다. 따라서 정부의 부동산 정책의 주요 방향은 침체된 건설경기를 살리고 이를 바탕으로 내수경기를 회복시키고자 하는 의지가 강했다. 어떤 정권이 집권했더라도 국가 전체의 경기부양을 위해서 부동산 규제 완화에 주안점을 둘 수밖에 없었다.

김대중 前 대통령은 취임 후 얼마 되지 않은 1998년 5월 2일 주택경기활성화대책을 발표한다. 부동산 거래 활성화를 위해 분양권 전매와 양도소득세 면제를 한시적으로 허용하고 분양가를 자율화하고 토지거래허가를 폐지한다. 필자가 일관되게 주장하는 사실 중 한 가지가 바로 정부에서 부동산 시장을 부양하거나 규제를 가할 때 항상 분양권부터 건드린다는 것이다. 부양하려 한다면 분양권 전매를 허용하고 규제하려고 하면 분양권 전매를 금지한다. 분양권 시장은 소액으로 단기 매매가 가능하기에 초보와 고수 구분 없이 시장참여자가 많기 때문이다.

그러나 한 차례의 부양정책으로 시장이 활성화되지 않자 1998년 12월 12일에는 건설 및 부동산 경기 활성화 대책을 추가로 발표해서 민영주택의 분양가를 자율화하고 양도소득세 감면 범위를 확대했다. 1999년 10월 7일에는 주택건설 촉진대책을, 2000년 1월 10일에는 건설업활성화 및 구조개편 촉진대책을 시행한다. 글자 그대로 건설산업 활성화 대책에는 비수도권 신축주택에 대한 양도소득세를 면제하고 부동산 거래 시 취등록세를 감면하는 등 규제 완화의 강도를 확대한다. 김대중 정부에서는 1998년 이후 총 35차례나 되는 주택경기 활성화 및 부동산 시장 부양정책을 펼친다. 이러한 규제 완화 정책으로 말미암아 2001년 말부터 결국 서울 강남을 중심으로 한 부동산 시장 가격이 급등하게 된다(우리나라 부동산 정책 변화에 대한 검토 및 시사점, 김대용, 주택금융월보).

김대중 정부의 부동산 규제 완화 정책의 아이템들을 보면 분양권 전매허용, 청약자격 완화, 재당첨제한 폐지, 양도소득세 면제, 취등록세 감면, 분양가 자율화, 토지거래허가 폐지, 재건축사업의 지원 등 박근혜 정부의 규제 완화 정책과 동일하다. 보는 바와 같이 정부에서 부동산 시장을 부양시키거나 진정시키기 위해 쓸 수 있는 카드는 생각보다 그렇게 많지 않다. 시행 강도의 문제이지 정책 자체는 거의 같다.

일부 경제학 교수가 부동산 정책의 규제와 완화, 즉 냉탕과 온탕을 반복하는 것에 대해서 비판하지만, 실제 시장에서 작동하는 메커니즘은 그렇게 간단하게 지적할 수 있는 문제가 아니다. 부동산 시장 문제의 근본 해결책은 수요를 여유 있게 커버할 수 있는 공급이다. 그러나 수요자가 살고 싶어 하는 지역의 공급량은 물리적으로 한정돼있고, 대체재가 존재하지 않는다. 대규모 신도시를 건설하려 해도 **타임래그**[1]로 인한 공급의 비탄력성이 부동산 시장의 냉탕과 온탕 문제 해결을 어렵게 하는 것이다. 따라서 필자는 앞으로도 부동산 시장 정책의 규제와 완화는 끊임없이 반복되리라 본다.

---

1) 타임래그(time-lag, 시차) : 어떤 자극이 주어진 후 그 영향이 결과로 나타날 때까지 지체되는 시간,즉 주택을 공급하려 해도 준공까지는 상당한 시간이 필요하다.

김대중 정부의 부동산 정책 변화

○ 주택경기 활성화 대책 발표(1998.5.22.)
  = 분양권 전매 한시 허용, 양도세 한시 면제, 분양가 자율화, 토지거래 허가폐지
○ 건설 및 부동산 경기 활성화 대책(1998.12.12.)
  = 민영주택 분양가 추가 자율화, 양도세 한시 감면범위 확대, 중도금 추가지원
○ 주택경기 활성화 조치(1999.3.22.)
  = 재건축 시행사 가구당 2,000만 원 자금지원, 재건축 활성화 단초
○ 주택건설촉진 대책(1999.10.7.)
  = 민영 청약자격 완화, 재당첨 제한 폐지, 청약예금·부금 취급기관 다변화
○ 주택시장 안정 대책(2000.1.10.)
  = 서민주택자금 지원규모 3조 원 확대, 서민 내 집 마련기회 확대, 지원대상 확대
○ 건설업 활성화 및 구조개편 촉진대책(2000.7.1.)
  = 주택구입 시 양도세 감면, 비수도권 신축주택 양도세 면제, 주택채권 감면, 취등록세
    감면
○ 건설산업 구조조정 및 투자적정화 방안(2001.5.23.)
  = 신축주택 구입 시 양도세 한시 면제, 국민주택 규모 취등록세 한시 감면
○ 전월세 안정화 대책 = 소형평형 공급확대
○ 서민주거생활 안정대책 = 국민임대 공급확대, 수도권 매년 600만 평 공공택지 공급

엿은 엿장수 마음대로 자른다

자료 25는 1967년부터 2006년까지 연도별 부동산 시장 가격 변동 및 주요 정책의 연관성을 나타낸 지표다. 굵직한 사항만 나열해보자. 1967년 11월 29일, '부동산 투기 억제에 관한 특별조치법'이 우리나라 최초의 부동산 규제정책으로 시행된다. 이 법률에

근거해 당시 서울과 부산에서는 부동산 양도차익에 따른 세금을 무조건 50%로 부과했다.

10여 년 후인 1978년 8월 8일에는 부동산 보유 기간이 짧으면 양도소득세를 많이 부과하기로 하는 정책이 시행된다. 토지나 주택의 보유 기간이 2년 이상이면 양도차익의 50%를 부과하고 2년 미만의 경우에는 70%를 부과했다. 가히 살인적인 조치라고 할 수 있다. 이로 인해 부동산 시장은 큰 폭의 조정을 보였고 이에 엎친 데 덮친 격으로 전 세계 경기에 악영향을 준 오일쇼크가 터져 부동산 시장은 상당 기간 침체에 빠졌다. 노무현 정부 시절 양도소득세 중과를 때렸던 8.31 조치 후 글로벌 금융위기가 닥친 것과 유사하다.

강력한 규제 후에 대규모 국내외적 비상상황까지 발생하게 되면 부동산 시장은 시련을 겪게 된다. 이러한 8.8 조치 후 부동산 시장 가격은 대폭 조정을 보이게 된다. 결국 다시 온탕으로 돌아간다. 1981년 1월 4일부터 주택경기 활성화 조치 등 5건의 부동산 시장 규제 완화정책으로 부동산 시장이 활성화됐고 1990년 4월 16일 부동산 투기 억제 대책으로 침체에 빠졌다. 이미 앞에서 살펴봤지만 김대중 정부 시절 주택경기 활성화 대책, 건설 및 부동산 경기 활성화 대책 등으로 부동산 시장은 빠르게 회복됐다. 또한 2002년부터 주택시장 안정대책 등 수차례의 규제정책으로 일정 기간 부동산 시장은 진정 국면에 접어들었었다. 이같이 정부에서 펼치는 부동산 정책이 규제를 강화할 때는 침체시장으로 갈 확률이 높고 규제를 완화하고 부양할 때는 부동산 시장이 활황세를 나타낼 확률이 매우 높다. 역사적으로 그랬다.

자료.25   국정브리핑 특별기획팀 [대한민국 부동산 40년]

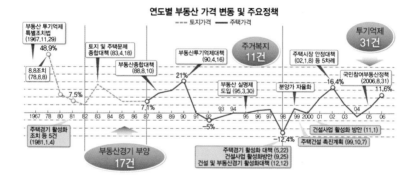

모난 돌이 정 맞는다

이번 장에서는 부동산 정책이 부동산 가격 상승과 조정에 영향을 주는 요인들을 살펴봤다. 핵심 내용은 정부에서 부동산 규제를 완화하면 부동산 시장 가격은 상승할 가능성이 크고 반대로 부동산 규제를 강화하면 부동산 시장 가격은 조정받을 확률이 높다. 한 가지 더 중요한 사실은 조정을 받더라도 전저점까지 큰 폭으로 조정을 받는 경우는 오일쇼크, IMF 외환위기 등 아주 특수한 대내외 경제적 충격일 경우에만 일어났다. 이러한 극단적인 경제 상황을 제외하고 일반적으로는 그 폭이 깊지 않고 미미한 수준으로 조정을 받는다. 그러나 지역별로 수요에 비해 과다한 공급이 발생돼 일시적으로 수요공급 밸런스가 깨진 상태가 되는 지역은 상당한 타격을 받는다. 그러나 그러한 지역도 입주가 완료되는 시점에서는 시장가격을 서서히 회복하게 된다.

자료.26   부동산 규제정책에 따른 부동산 시장 가격 변화 패턴

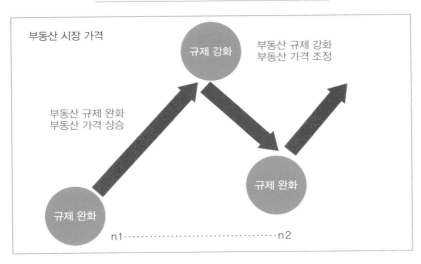

따라서 정부의 부동산 정책에 따른 투자자의 대응방안은 정부에서 규제를 완화하거나 경기부양을 위한 정책을 펼칠 때는 적극 투자에 동참하고 정부에서 규제정책을 내놓기 시작한다면 공격적인 투자보다는 재정 능력을 고려한 보수적인 입장에서 투자 시장에 참여하는 것이 바람직하다. 부동산 투자는 예측의 영역이 아니라 대응의 영역이다. 정부의 부동산 정책에 우리는 적절한 대응을 해야만 한다. 정부는 부동산 시장을 얼마든지 죽일 수 있다. 다만 여러 가지 경제여건을 고려해 그 수위를 조절할 뿐이라는 점을 명심해야 한다.

2장
국내외 경제 상황

∎∎∎∎

사람들이 투자에 목을 매는 이유

두 번째로 살펴볼 파트는 국내외 경제 상황 측면이다. 경제란 인간 활동에 필요한 재화와 서비스를 만들고 나누고 쓰는 모든 활동과 그 활동을 둘러싼 질서나 그 제도를 말한다. 이 경제현상을 이해하고 설명하려는 일련의 활동이 경제학이다. 경제학은 거시경제(Macroeconomics)와 미시경제(Microeconomics)로 나뉘는데, 거시경제는 한 국가 경제의 국민이 돈을 얼마나 벌어들이는가를 주로 다룬다. 따라서 거시경제가 다루는 변수는 국민소득과 연관된 항목들이다. 생산량, 물가, 실업, 이자율, 국제수지 등이다.

이에 반해 미시경제는 개별 경제주체와 개별 시장을 분석의 대상으로 한다. 따라서 개별 경제주체가 어떻게 경제활동을 하는지와 소비자, 생산자로 구성되는 개별 시장에서의 가격이 어떻게 결정되는지를 다루는 분야다. 말은 어렵게 써놓았지만 간단하게 글자 그대로 거시경제는 국민의 소득을, 미시경제는 개별 시장에서의 가격이 결정되는 것에 대해서 다룬다고 생각하면 이해하기 쉽다.

부동산 시장의 움직임도 따지고 보면 경제활동의 일부다. 오일 쇼크, IMF 외환위기, 미국의 글로벌 금융위기 등 국내외적 경제 상황에 따라서 부동산 시장은 많은 영향을 받는다. 언뜻 보면 부동산학은 별개의 학문으로 볼 수 있겠지만 결국 부동산 시장의 상승과 조정 역시 당시의 국가 경제 상황에 구속되기 때문에 국내외 경제 상황과 부동산 시장을 나눌 수 없다. 아울러 부동산 시장의 가격만 이야기한다고 해서 미시경제학으로 생각할 수 있으나 이러한 태도는 매우 편협한 사고며 거시경제와 미시경제 모두 부동산 시장에 영향을 주는 것으로 이해해야 한다. 다만 이번 장에서는 부동산 시장 가격의 상승과 조정에 관해 경제적 측면에서 어떻게 영향을 주는지에 대해서 알아보는 파트이므로 매우 제한된 범위에서 경제와 부동산 시장에 대한 연관 관계를 설명하도록 하겠다.

우선 '투자의 근본적 의미가 무엇인지? 왜 투자를 하려고 하는

지? 투자하기 위해서 목을 매고 이리저리 뛰어다니는 이유가 과연 무엇인지?'에 대한 질문에 스스로 대답을 한번 해보자. 여러분은 어떤 이유로 투자에 관심을 갖고 참여하고자 하는가? 330 강의 때 수강생에게 물어보면 한결같이 '돈을 벌기 위해서', '경제적 자유를 얻기 위해서', '시간의 자유를 얻기 위해서', '투자를 하지 않으면 뒤처질 것 같아서' 등 여러 가지 대답이 돌아온다. 모두 일리가 있는 말이다. 우리는 돈을 벌어서 경제적, 시간적으로 자유를 얻기 위해 투자에 관심을 가진다. 하지만 이렇게 정형화되고 일반적 상식선에서의 이유 이외에 어떠한 숨은 이유가 있을까?

필자는 '투자의 근본적 의미가 무엇일까?'라는 질문에 대해 많은 고민을 했다. 인터넷을 검색해보면 투자란 '공장·기계·건물이나 원료·제품의 재고 등 생산활동과 관련되는 자본재의 총량을 유지 또는 증가시키는 활동'이라 한다. 이에 비해 투기는 '생산활동과는 관계없이 오직 이익을 추구할 목적으로 실물 자산이나 금융 자산을 구입하는 행위를 일컫는다'고 한다. 과연 생산활동과 관계없이 오직 이익을 추구할 목적으로 경제활동을 한다면 투기일까? 투자는 선이고 투기는 악일까?

투자의 근본적 의미

**우리는 왜 투자에 목을 매고
이리 저리 뛰어 다니는가?**

투자는 내 돈이 사라지는 것을 막는 경제활동

　　우리 사회에는 투자와 투기를 혼동해 근로소득을 제외한 자본소득을 싸잡아 투기로 몰아붙이는 분위기가 있다. 땀 흘려 일해서 버는 돈 이외에는 절대악으로 치부해 죄악시하는 풍토가 있는데 요즘 자본소득(매매차익에 대한 소득)에 대한 과세 강화정책 또한 이와 무관하지 않다. 하지만 필자는 이에 동의할 수 없다. 경제학에서도 생산의 3요소를 토지, 노동, 자본으로 규정해 자본이 생산의 근원임을 명확히 하고 있다. 어떠한 이유에서든 자본소득이 사회적 해악 또는 해서는 안 되는 절대악으로 인식되는 사회적 분위기는 매우 우려스럽다. 그 이유는 다음과 같다.

자료 28은 1960년부터 2017년까지 5년 단위로 정기예금 금리 추이를 나타낸 그래프다. 1965년은 26.4% 1970년에는 22.8% 1980년은 18.6%다. 즉 은행에 1억 원을 맡기면 1965년에는 1년에 2,600만 원을 이자로 받았다는 말이고 1980년에는 1,860만 원을 고스란히 이자로 받았다는 말이다. 1990년대에도 1,000만 원은 받았다는 이야기인데 요즘 수익형 부동산이 5%의 수익만 발생해도 투자자가 관심을 갖는 상황에서 참으로 경이로운 이자율이 아닐 수 없다. 그러나 2017년 현재 은행 이자율은 겨우 1.75%를 기록하고 있다. 여기에다 15.4%의 이자소득세를 납부하면 1.48%에 지나지 않는다. 나아가 물가상승률 2%만 적용해도 실질금리는 마이너스 0.52%가 된다.

사회적 분위기가 자본소득을 지탄받아야 하는 대상으로 몰아가고 있지만, 실제 그 속을 들여다보면 이야기가 달라진다. 평생 모은 현금성 자산을 은행에 맡겨도 최소한의 생활은 고사하고 오히려 현금의 원천적 가치인 상품의 구매력이 줄어든다. 한마디로 나의 자산가치가 훨훨 날아가 버린다. 오히려 가치가 줄어드는 것이다. 따라서 <u>이러한 자신의 현금성 자산이 휘발되는 것을 막기 위한 능동적 경제활동이 투자라고 필자는 강력하게 주장한다.</u> 즉 아무런 투자 행위도 하지 않고 현금성 자산을 은행에만 넣어둔다면

언젠가는 상품구매력이 0원이 돼버린다. 사태가 이러한데도 자본
소득을 반사회적 행위로 몰아가는 사회적 분위기가 과연 정당한
가? 필자는 절대 아니라고 생각한다.

자료.28

정기예금 금리추이

단위 : % / 연

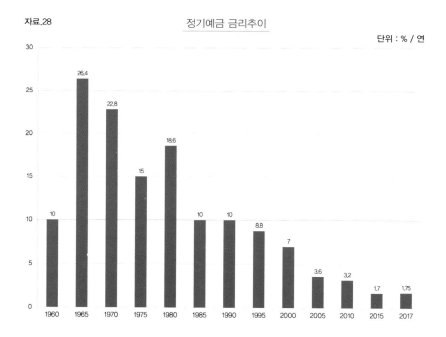

3시간 공부하고 30년 써먹는
부동산 시장 분석 기법

생새우와 합성새우

자료.29

롯데새우깡 홍보물

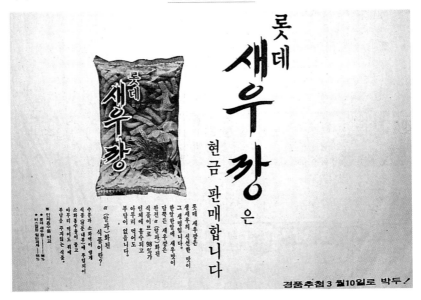

‘손이 가요 손이 가~ 새우깡에 손이 가요! 아이 손 어른 손 자꾸
만 손이 가~’

대한민국 남녀노소가 다 아는 국가대표급 과자 새우깡의 CM송
이다. 새우깡은 1971년에 출시돼 당시 판매가격이 50원이었는데
2017년 현재 새우깡의 가격은 1,200원이다. 46년간 정확히 가격
이 24배 올랐다. 필자는 여기에서 독자들에게 질문을 한 가지 던

지고자 한다. 새우깡 가격이 1,200원인 2017년 현재의 새우깡은 생새우로 만들고 1971년 최초 출시된 새우깡의 가격은 50원이었으니 당시의 새우깡은 합성새우로 만들었을까?

다시 말하면 24배나 가격이 비싸졌으니 생새우로 만들고 24배나 가격이 싼 당시에는 합성새우로 만들어야 하는 것 아니냐? 하는 뜻이다. 이러한 엉뚱한 질문에 여러분은 황당해하거나 피식 웃을지도 모르겠다. 필자가 주장하고 싶은 말은 1971년도에 출시된 새우깡이나 2017년에 판매되는 새우깡이나 내용 면에서는 차이가 없다는 것이다. 그때나 지금이나 새우깡은 생새우를 갈아서 만들었고 중량도 비슷하니 내용적으로 새우깡의 가치는 같다. 가치는 동일한데 가격만 24배로 상승했다는 말이다.

사람들은 새우깡 가격이 24배 오른 것은 그럴 수도 있다며 관대하지만 부동산 가격이 상승한 부분에 대해서는 개개인은 물론 사회적으로도 상당히 민감하다. 민감하다 못해 반감이 팽배하다. 주택 가격은 오르면 안 된다고 생각하는 것이다. 하지만 새우깡이나 주택이나 단순하게 생각하면 두 가지 모두 상품에 지나지 않는다. 혹자는 새우깡은 안 먹어도 그만이지만 주택은 필수불가결한 상품이므로 가격이 오르면 안 된다고 생각한다. 하지만 반대로 생각해보면 비싸면 먹지 않아도 되는 과자 부스러기조차도 24배가 오르는 동안 인간생활의 기본 3요소, 의식주 중 하나인 주택의 가격이 오르지 않는다는 건 상식적으로 말이 안 된다. 오히려 생활의 필수재이므로 24배 이상으로 올라도 전혀 이상할 것이 없다. 즉, 주택 가격이 오르는 건 너무나도 당연하다는 말이다.

자료.30　　　　　　　　　새우깡 가격 추이

단위 : 원

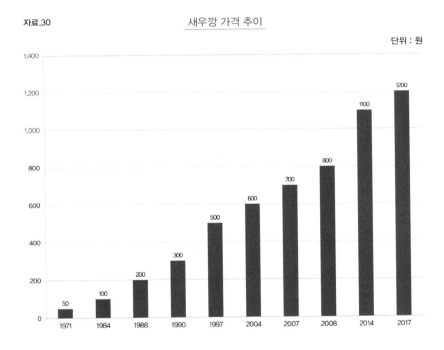

가치와 가격은 전혀 다르다

앞에서 살펴봤듯 1971년에 판매된 새우깡과 2017년에 판매되는 새우깡의 내용물은 생새우를 갈아서 만든 점에서 같다. 즉 가치는 변함이 없는 것이다. 가격만 24배로 오른 것은 물가 상승률에 의한 변화다.

깨끗한 생수가 있다고 치자. 이 생수의 판매가격은 1,000원이다. 이 생수를 1등급 약수터 앞에서 판매한다면 어떻게 될까? 당연히 아무도 사지 않을 것이다. 약수터 앞에서 이 생수의 가격은 0원이 된다.

그렇다면 사막에서 판매한다면 어떨까? 모르긴 해도 1,000원보다는 높게 팔릴 것이다. 만약 사나흘 물을 구경도 못한 여행객이라면 10만 원, 그 이상이 될지도 모른다.

생수의 판매가격, 즉 부여된 가치는 1,000원이었지만 여건에 따라 가격은 0원이 되기도 하고 10만 원 이상이 되기도 한다.

공간에 따른 가격의 변화다.

만약 당신이 10년 전에 3억 원에 매입했던 부동산이 지역 선정의 패착 등 어떠한 이유로 2억 5천만 원까지 가격이 떨어졌다고 가정해보자. 그런데 운 좋게 대세상승 국면을 맞게 돼 가격이 3억

원으로 회복됐다는 소식을 들으면 안도의 한숨과 만족감을 갖게
된다. 나아가 10년 동안 마음 고생했던 기억을 떠올리며 3억 1천
만 원이 되는 순간 부동산을 팔아버린다. 그러고 나서 1천만 원 수
익을 본 것에 매우 행복해한다. 어쨌든 원금회복은 물론 1천만 원
수익을 봤으니 그럴 수도 있겠다. 하지만 과연 수익을 본 것일까?

　수익을 봤다고 좋아한다면 여러분은 바보다. 자료 30의 새우
깡 가격 추이를 보면 2007년에 700원이었던 가격이 2017년에는
1,200원으로 약 71% 올랐다. 여러분의 부동산은 10년 동안 1천만
원이 올랐지만, 그 상승률은 고작 3.3%다. 새우깡보다 못한 부동산
인 셈이다. 가치와 가격을 이해하지 못한다면 바보 되는 건 일도 아
니다.

자료.31　　　　　　　　　　　　가치 vs 가격

가치 VS 가격

신사임당과 세종대왕은 돈이 아니다

우리는 물건을 사고 대가를 지급할 때 돈을 건넨다. 부동산과 같이 지급 금액이 큰 경우에는 송금이나 수표를 지급하는 방법으로 하고 일상생활 속 소소한 금액이면 지갑 속에 들어있는 신사임당과 세종대왕을 건네준다. 신사임당과 세종대왕을 우리는 지폐, 즉 종이돈이라 하고 통상적으로는 돈이라고 한다. 그런데 이 신사임당과 세종대왕이 진짜 돈일까?

투자에 동참하지 못하고 반감을 갖거나 투자를 투기로 평가절하하는 사람들은 경제적으로 어려움을 겪을 가능성이 큰 사람이다. 물론 전부 다 그런 것은 아니겠지만 자산을 늘리고 축적하는 데 관심이 없다면 경제적으로 자유롭기는 쉽지 않다. 조금 거칠게 표현해서 가난하게 산다. 그런데 가난은 대부분 대물림된다. 얼마나 소름 돋는 일인가?

오늘날 대다수 사람이 가난하게 살면서도 자산을 늘리려고 생각하지 않는 이유는 바로 돈과 화폐를 구분하지 못하기 때문이다. 우리가 일상의 경제생활에 사용하고 있는 신사임당과 세종대왕은 돈(Money)이 아니라 화폐(Currency)다. 이 글을 읽고 있는 당신은 무슨 뜬금없는 이야기를 하고 있느냐고 반문할 수도 있겠다. 너무나 당연하게도 우리는 지갑 속에 자리하고 있는 신사임당과 세종대왕을 돈이라 생각하고 거래의 수단으로 사용한다. 하지만 사실은 돈이 아니라 화폐다. 지금부터 가난을 탈피하기 위해 매우 중요한 개념인 돈과 화폐, 화폐와 돈의 차이점을 알아보자.

화폐란 상품과 교환할 수 있는 매개체다. 그러므로 계산이 가능한 단위의 숫자가 표시돼야 하며 가볍게 휴대할 수 있어야 한다. 잔돈을 만들 수 있게 분할하기도 쉬워야 한다. 아울러 쉽게 찢어지지 않도록 내구성이 강해야 하며 내 주머니에 있는 것과 다른 사람 주머니에 있는 화폐의 대체가 가능해야 한다. 서로의 주머니에 있는 같은 단위의 화폐를 바꾸더라도 어느 한쪽이 이득이나 손해 보는 일이 없어야 한다는 말이다. 여기까지가 화폐의 특성이다.

그런데 돈은 여기에 한 가지 특성을 추가로 갖고 있어야 하는데, 바로 오랜 세월이 지나도 가치를 유지해야 한다는 점이다. 그런데 정부는 화폐를 계속해서 찍어내기 때문에 전체 화폐량이 늘어난다. 즉, 시간이 흐를수록 가치가 희석돼 상품구매력이 떨어지게 되는 것이다. 이에 반해 돈은 그 가치가 유지돼 가치가 희석되지도 않고 상품구매력이 떨어지지도 않는다. 오히려 가치가 높아진다. 금(Gold)과 은(Silver)이 최상 조건의 돈으로 취급되는 이유도 바로 이 때문이다. 작은 사이즈에 높은 가치를 갖고 있기에 교환이 쉽고 전 세계적으로 같은 가치로 통용되기 때문에 계산이 가능하고 거의 같은 구매력을 갖고 있다. 내구성 또한 강해서 고대 이집트인이 사용하던 금이 현재도 존재하고 사용되고 있다.

가장 중요한 점은 돈은 화폐와 달리 정부에서 마음대로 찍어낼 수가 없고 그래서 가치가 유지된다는 것이다. 돈은 가치가 유지되고 구매력도 하락하지 않지만, 화폐는 가치와 구매력이 지속적으로 하락한다. 전 세계 역사적으로 종이 화폐는 수만 가지 있었지만 가치가 유지되는 화폐는 단 한 종류도 없었고 종이 화폐는 결국 전부 가치가 0(Zero)이 됐다. 지금 책을 읽고 있는 이 시간에도 조폐공사에서는 신사임당과 세종대왕을 계속 찍어내고 있다. 그런데도 이러한 화폐와 돈의 차이점을 이해하지 못하고 있는 사람들이 많다.

자료.32

돈 vs 화폐

Money(돈)
vs
Currency(유통화폐)

가난한 이유는
돈과 종이의 차이를 몰라서다

1971년 닉슨쇼크 전후 달러

　자료 33은 닉슨쇼크(닉슨 대통령이 1971년 8월 15일 발표한 미국의 달러정책으로 인해 세계 경제가 받은 충격과 변화를 지칭하는 말이다. 당시 미국은 1960년대 말부터 베트남 전쟁 등으로 인해 경제력이 악화됐고, 이에 따라 달러와 금 교환 요구가 급격히 늘어나 금 보유고가 턱없이 부족한 상태가 이어졌다. 결국 닉슨 대통령은 금과 달러의 교환 정지를

선언했다) 전후에 발행된 미국의 달러다. 표면상으로는 같은 달러처럼 보이지만 이 두 장의 달러는 내용 면에서 엄청난 차이를 갖고 있다.

자료 34와 같이 1971년 닉슨쇼크 이전 달러의 하단 부분을 보면 'TEN DOLLARS IN GOLD COIN'이라고 표기돼있다.

자료.34   1971년 닉슨쇼크 이전의 달러

이러한 표시가 돼있는 달러를 들고 미국연방은행에 가서 금화로 교환을 요구하면 달러에 기재된 단위에 해당하는 비율(금 1온스에 35달러)의 금화를 내어주게 돼있었다. 즉, 금 보관증이라 해도 무방하다. 금이라는 실물 자산을 담보로 발행한 것이다. 금은 실제 거래에 사용하기에는 불편하니 가벼운 종이로 된 금 화폐(금 보관증)를 거래의 교환수단으로 사용한 것이다. 1971년 이전의 달러는 금이라는 확실한 담보를 근거로 발행했기 때문에 가치 저장 또는 유지 수단으로서 완전한 돈이었다. 이러한 형태의 발권시스템을 '금본위제'라 한다.

자료.35　　　　　　　　금을 담보로 발행한 달러는 가치 저장
또는 가치유지 수단으로서 완전한 돈이다

이에 반해 자료 36의 달러는 1971년 닉슨쇼크 이후에 발행된 달러다. 이전 달러와 달리 좌측에 'THIS NOTE IS LEGAL TENDER FOR ALL DEBTS, PUBLIC AND PRIVATE'라고 조그마하게 적혀있다. 설명하는 글자 크기도 이전의 달러와는 비교도 할 수 없을 만큼 작고 그 뜻은 더욱 충격적이다. 국가가 보증하니 믿고 사용하라는 의미다. 하루아침에 금이라는 담보 없이 미국의 신용을 믿고 거래하라니. 그야말로 전 세계 시장경제에 쇼크로 다가왔다. 미국은 이제부터 금을 보관하지 않아도 마구마구 달러를 찍어낼 수 있는 경제적 **깡패국가**[2)]가 된다. 우리는 이러한 발권시스템을 '신용본위제'라 한다. 즉 닉슨쇼크 이후 금본위제에서 신용본위제로 발권시스템이 바뀐 것이다.

---

2) **시뇨리지 효과(Seigniorage Effect)** : 기축통화국의 지위를 이용해 화폐를 찍어내고 새로운 신용 창출을 통해 끝없이 대외적자를 메워나가는 것을 말한다. 즉, 화폐를 발행하면 교환가치에서 발행비용을 뺀 만큼의 이익(화폐주조 이익)이 생기는데 그중에서도 기축통화국, 곧 국제통화를 보유한 국가가 누리는 이익을 일컫는다. 미국은 달러 발권량을 늘리고, 무역 흑자국에 국채를 파는 방식으로 적자분을 보전해왔다. 시뇨리지는 '인플레이션 세금(Inflation Tax)'으로 불리기도 한다. 통화 공급을 늘려 인플레이션이 발생하면 기존 통화의 실질가치가 줄어들고 그만큼의 부가 중앙은행으로 가기 때문이다.

1971년 닉슨쇼크 이후의 달러

국가의 신용을 담보로 한 신용본위제에서 만든 화폐를 우리는 종이화폐라 한다. 이러한 종이화폐는 금과 같은 실물 자산의 담보 없이 종이와 잉크로만 만들어져 있다. 물론, 국가의 공신력을 믿고 거래를 하기 때문에 국가가 망하지 않는 한 언뜻 보면 큰 차이가 없다고 느낄 수 있다. 종이화폐를 갖고도 해당하는 가격의 금반지나 골드바를 언제든 살 수 있기 때문이다. 그러나 내면에는 엄청난 차이가 존재하고 있다.

금본위제에서는 해당 정부가 화폐를 발행하려면 그 발행량에 비례하는 금을 보유하고 있어야 한다. 100만 달러의 화폐를 추가로 발행하기 위해서는 반드시 100만 달러에 상응하는 금이 있어야 하기 때문이다. 그러므로 정부에서는 마음대로 금화폐를 찍어낼 수가 없고 해당 국가의 화폐는 항상 일정한 가치가 유지된다. 하지만 신용본위제 시스템에서는 필요하면 언제든지 종이화폐를 마구마구 찍어 뿌릴 수 있다. 이렇게 종이화폐를 뿌리게 되면 시중에 종이화폐가 넘쳐나게 되고 희소가치의 원리에 의해서 인플레이션이 발생한다. 종이화폐의 가치는 점점 떨어지게 돼 정말 종이 가치밖에 되지 않는다.

예를 들어 주택 한 채가 1억 원이라고 가정하자. A는 열심히 일해서 1억 원을 모아 주택을 구매하고자 했는데 정부에서 그동안 종이화폐를 2배로 발행해버리면 종이화폐의 가치가 희석돼 구매력이 절반으로 줄어들게 된다. 즉, 1억 원을 모은다 해도 그사이 화폐 가치가 절반으로 줄어들면 구매력이 5천만 원밖에 되지 못해 주택을 살 수 없게 된다. 하지만 금본위제 국가의 화폐였다면 가치가 유지되므로 1억 원짜리 주택을 구입할 수 있었을 것이다.

열심히 일해도 주택을 사지 못할 정도로 주택 가격이 뛴다는 이야기는 잘못된 주장이다. 정부가 종이화폐를 마구마구 발행해서

3시간 공부하고 30년 써먹는
부동산 시장 분석 기법

신사임당과 세종대왕의 구매력을 떨어뜨리기 때문이다. 이렇게 정부는 우리의 주머니를 털어간다. 종이화폐는 진정한 돈이 아니다. 그냥 종이에 잉크를 바른 무늬만 돈이다.

자료.37

종이화폐는 진정한 돈이 아니다.
그냥 종이에 잉크만 바른 무늬만 돈이다.

주택 가격이 오른 것이 아니라
화폐가치가 떨어진 것이다

짜장면은 서민의 사랑을 받는 대표적인 음식이다. 그래서 짜장면은 물가 변동의 바로미터로 취급된다. 자료 38은 역대 짜장면 가격의 추이다. 1960년대 15원으로 시작해서 1970년대 200원, 1980년대 800원, 1990년대 1,300원, 2000년대 3,000원 그리고 2017년인 요즘은 5,000원 정도 한다. 물론 더 비싼 가게도 있고 싸게 파는 가게도 있는데 5,000원 정도로 시장가격을 평가하면 크게 무리가 없다. 단순하게 계산해도 1960년에 비해서 333배나 짜장면 가격이 올랐다. 먼저 살펴본 새우깡과 비교를 해보기 위해 1970년대 200원을 기준으로 해보면 2017년 현재 딱 25배 올랐다. 새우깡은 24배 올랐으니 거의 비슷한 수준의 가격 상승률이다.

짜장면 가격 변동 추이

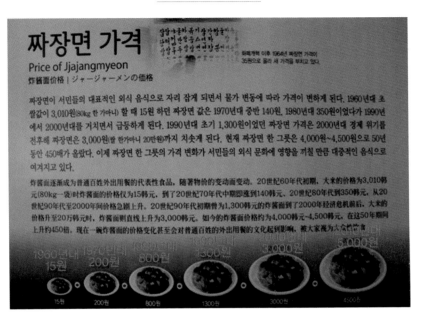

개별 상품의 가격이 서로 경쟁을 하듯이 올랐으니 당연히 전체
시장의 가격도 오른다. 우리는 이렇게 가격이 오르면 물가가 올랐
다고 이야기한다. 그렇다면 흔히 이야기하는 물가에 대해서 알아
보자. 물가는 물건의 가격이다. 여기서 말하는 물가는 단순하게
어느 특정한 물건의 가격이 아니라 국가 전체의 전반적인 상품과
서비스들의 가격 수준을 말하는 것이다. 그래서 '물가가 올랐다'는

표현은 상품과 서비스들의 평균가격이 올라서 구매하기가 쉽지 않다는 의미가 내포돼있다. 그런데 그보다 더 큰 의미가 있다.

지금 이 책을 읽고 있는 당신에게 OX 퀴즈를 내보겠다. 자료 38은 지난 57년간의 짜장면 가격의 변화를 나타내고 있다. 지속적으로 가격이 상승했음을 알 수 있다. 그렇다면 짜장면 가격이 오른 것일까, 화폐가치가 떨어진 것일까. 330 강의 때 실제로 수강생들에게 물어보면 의견이 양쪽으로 갈린다. 그러나 짜장면 가격이 1960년대 대비 333배 오른 것도 진실이고 잉크로 찍어낸 종이화폐가 너무 많아져서 가치가 떨어진 결과 짜장면 가격이 올랐다는 주장 또한 옳다. 두 가지 주장 모두 맞다. OX 퀴즈라 해서 반드시 하나만 진실이어야 한다는 법은 없다.

자료.39   OX 퀴즈 1

O X

짜장면 가격이 올랐다?
화폐 가치가 떨어졌다?

그렇다면 다른 경우도 살펴보자. 자료 40은 지난 2년간 정말 일어난 일이다. 물론 지역에 따라 평형은 다르지만 부동산 시장이 활황세를 보였던 지역은 이보다 더 가격 상승률이 높았다. 물론 오르지 못한 지역도 있다. 단순하고 쉽게 표현하기 위해서 표시한 내용이니 오해는 하지 않았으면 좋겠다.

자료.40　　　　　　　　　　　주택 가격의 변화

2015년 3억 원　　　　　　　　　　　2017년 5억 원

다시 OX 퀴즈가 한 번 더 나간다. 조금 전과 마찬가지로 자료 40을 보고 대답해보자. 주택 가격이 오른 것일까, 화폐가치가 떨어진 것일까? 이 또한 두 가지 주장 모두 옳다. 2015년 3억 원짜리 주택이 2017년에 5억 원으로 가격이 오른 것도 사실이고 종이화폐가

많이 발행돼 그만큼 가치가 떨어져서 상대적으로 실물 자산인 주택의 가격이 종이화폐의 하락 폭만큼 상승하게 된 것도 사실이다.

자료.41　　　　　　　　　　OX 퀴즈 2

주택 가격이 올랐다?
화폐 가치가 떨어졌다?

그렇다면 2017년 5억 원이던 주택 가격이 2년 후인 2019년에는 과연 얼마일까? 오를까? 떨어질까? 당신은 궁금하지 않은가? 궁금하다면 종이화폐가 얼마나 늘어나는지에 관심을 기울여야 한다. 상품과 서비스 가격 상승의 근본적 이유는 종이화폐의 발행에 따른 가치 하락이 자리 잡고 있기 때문이다.

2017년 5억 원   2019년 가격은?

내 현금이 허공에 날아간다

자료 43은 물가상승률에 따른 1,000만 원의 구매력 변화다. 구매력이란 화폐에 부여된 상품과 서비스를 구매할 수 있는 힘이다. 그런데 이러한 구매력은 물가가 상승함에 따라 그 힘을 잃어간다. 인플레이션의 원인은 화폐량 증가로 인한 화폐가치 하락이 대표적이다. 이미 앞에서 투자란 자신의 현금성 자산이 휘발되는 것을 방어하기 위한 목숨을 건 경제활동이라고 했다. 우리가 이런 투자 활동과 같은 경제적 행위를 전혀 하지 않을 경우에 현금 1,000만

원이 어떻게 허공에 날아가 버리는지 알아보자

연간 물가상승률이 3%일 때 1년 동안 아무런 행동도 하지 않을 경우 현금 1,000만 원의 구매력이 971만 원으로 줄어든다. 즉, 29만 원이 허공에 날아가 버린다. 5년 후에는 863만 원, 10년 후에는 744만 원의 구매력밖에 갖지 못한다. 물가상승률이 4%일 때는 문제가 심각해진다. 1년 후에는 구매력이 962만 원으로 현저히 줄어들고 5년 후에는 822만 원, 10년 후에는 거의 절반 수준까지 떨어진다.

자료.43　　　　　물가상승률에 따른 1,000만 원의 구매력 변화

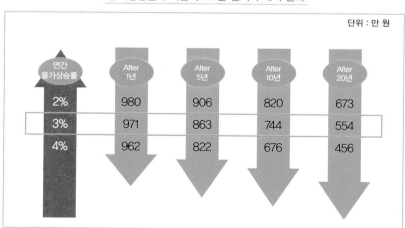

단위 : 만 원

연간 물가상승률	After 1년	After 5년	After 10년	After 20년
2%	980	906	820	673
3%	971	863	744	554
4%	962	822	676	456

자료 44의 제목은 물가상승률에 따른 현금의 변화라고 지었다. 현금이 변화한다니 무슨 엉뚱한 말일까?

만약 연간 물가상승률이 3%일 경우 2015년 3억 원을 보유하고 있었는데 인플레이션을 방어하는 투자 행동을 전혀 하지 않았다면 2년 후인 2017년의 실질 구매력이 2억 8,200만 원이 된다. 거금 1,800만 원이 사라지는 것이다. 자료 속에도 나타나 있지만 적절한 투자 활동을 하지 않으면 신사임당이 세종대왕으로 바뀌게 된다. 현금의 구매력이 하락하는 것이다. 물가상승률보다 못한 이자를 받기 위해서 금융기관에 목돈을 맡겨놓는 것은 경제학적으로 볼 때 바보들이나 하는 짓이다.

자료.44　　　　　　　물가상승률에 따른 현금의 변화

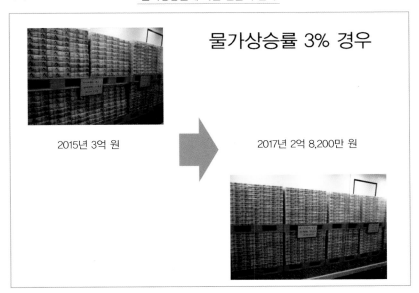

물가상승률 3% 경우

2015년 3억 원　　　　2017년 2억 8,200만 원

경제가 어렵다는데 부동산 가격만 상승?

실물경제가 악화돼 내수경제와 경제성장률이 살아나지 못하고 있다는 기사가 연일 쏟아지고 있다. 한편에서는 부동산 가격 상승에 관한 사례가 올라오고 이에 대한 정부 정책의 필요성을 주문하는 기사로 도배된다.

실물경제 악화란 주력산업의 부진으로 제조, 투자, 수출 등의 지표들이 악화돼 실업률이 높아지면서 소비가 줄어들어 국가경제 전반에 주름살이 깊어지는 상태를 말한다. 아울러 실물경제 악화 속에서도 부동산 시장 가격이 상승하는 것은 매우 비정상이라는 태도다. 그런데 과연 그럴까?

자료 45는 어빙피셔의 화폐수량설 교환방정식이다. 간단하지만 이 방정식으로 웬만한 경제현상을 모두 설명할 수 있어서 활용 가치가 높다. M은 통화량, V는 통화유통속도, P는 물가수준, Q는 생산량이다. 방정식이라 하지만 사실 항등식이다. 항등식은 좌변과 우변이 같다는 말이다. 양쪽 변수에 임의의 값을 대입해도 성립하는 등식이다.

3시간 공부하고 30년 써먹는
부동산 시장 분석 기법

어빙피셔 화폐수량설 교환방정식

$$MV=PQ$$

M : 통화량   V : 통화유통속도   P : 물가   Q : 생산량

　지금부터 이 항등식을 이용해 실물경제가 악화됐는데 왜 부동산 가격은 상승하는지 알아보자. MV=PQ 중에서 Q는 생산량이라고 했다. 실물경제가 좋지 않다는 말은 생산이 제대로 되고 있지 않다는 말과 같다. 즉 주력산업의 생산이 원활하게 되지 않고 있으니 Q는 변동이 없다는 의미로 고정해두자. V는 통화의 유통속도인데 실물경제가 악화됐다는 의미는 경제가 원활하게 돌아가지 않는다는 뜻이다. 상품과 서비스의 거래량이 줄어들었다는 말이며 거래가 감소했으니 당연히 유통되는 통화량의 속도 역시 정체됐다는 말이다. 통화량의 유통속도가 원활하지 못하니 이 또한 항등식에서 고정시키자.

　좌변의 통화량 유통속도와 우변의 생산량을 고정시켰을 경우 좌변의 통화량이 늘어나면 우변의 물가는 상승한다. 즉 가격이 상승할 수밖에 없다. 정리하면 한 국가의 실물경제가 어려운 경우 생산량이 감소하고 감소한 생산량 때문에 상품의 거래량 또한 줄

어든다. 거래량이 줄어드니 오고 가는 화폐의 속도가 줄어든다. 이러한 때에 통화량을 늘리게 되면 다른 변수들은 고정이므로 물가(가격)는 상승하게 된다. 이렇게 실물경제가 악화돼도 부동산 시장 가격은 상승하는 이유를 어빙피셔 화폐수량설 교환방정식으로 설명이 가능하다.

자료.46

통화량 증가와 물가상승의 관계

통화유통속도와 생산량이 고정일 때 통화량이 증가하면 물가, 즉 가격이 상승할 수밖에 없다.

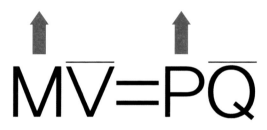

$$M\overline{V}=P\overline{Q}$$

M : 통화량   V : 통화유통속도   P : 물가   Q : 생산량

종이화폐는 얼마나 늘었나?

그렇다면 지금까지 통화량은 얼마나 늘어났을까? 실물경제가 악화되고 있음에도 부동산 시장 가격 상승원인이 통화량의 증가라고 필자가 주장하고 있으니 독자분들도 꽤나 궁금하시겠다. 전문 경제서적이 아니니 간략하게 설명하고 넘어가도록 하자. 궁금하신

분들은 웹상에서 '미국, EU, 일본의 양적 완화'를 검색해보면 좀 더 자세한 내용을 살펴볼 수 있다.

양적 완화(Quantitative Easing)란 중앙은행이 종이화폐를 시중에 뿌리는 정책으로, 정부의 국채나 여타 다양한 금융자산의 매입을 통해 시장에 유동성을 공급하는 것이다. 한마디로 시장에 종이화폐를 쏟아붓는 정책이다. 미국의 양적 완화는 3단계로 이뤄졌는데 2008년 9월 세계금융위기가 촉발되자 미국의 중앙은행(FED)은 즉각적으로 종이화폐 쏟아붓기 정책을 추진했다. 미국의 종이화폐는 2008년 9월 글로벌 금융위기 직전 8,500억 달러가 유통되고 있었는데 글로벌 금융위기 이후에는 유통되던 종이화폐의 4.5배인 3조 8,000억 달러를 뿌렸다. EU도 2008년 금융위기 이후 3단계에 걸쳐 돈을 뿌렸다 거둬들였다를 반복했지만 결국 종이화폐를 뿌린 건 마찬가지다. 일본의 양적 완화는 2013년 초 아베 정부의 출범과 궤를 같이한다. 아베 정부 직후 55%까지 증가율이 치솟았다가 최근 조금 하락했지만 그래도 매년 30% 이상 증가하고 있다. 일본은 매년 30%씩 종이화폐가 늘어나고 있는 것이다.

대한민국이라고 다르지 않다. 2007년 말 이후 한국의 종이화폐는 지속적으로 공급됐다. 증가율이 조금 떨어진 적은 몇 번 있으나 미국이나 EU같이 전년에 비해 '감소'한 적은 한 번도 없다. 특히 2013년 박근혜 정부가 들어선 이후 종이화폐 증가율은 지속적으로 상승해서 10% 이내던 통화량 증가율은 2013년 이후 줄곧 상승하고 있다(자료 47 참조). 그 결과 2012년 말 88조 원이던 종이화폐는 2015년 12월 말, 1.42배인 125조 원을 넘어선다. 같은 기간 미국은 1.43배, 일본은 2.57배 그리고 EU는 1.06배 늘어났으니 적어도 그동안 EU보다는 큰 폭으로 종이화폐가 뿌려졌고 미국만큼의 종이화폐를 시중에 쏟아부었다고 봐도 무방하다.[3] 이렇게 종이화폐가 시중에 뿌려져서 넘쳐나는데 부동산 가격이 오르지 않았다면 오히려 그것이 이상한 일이다.

---

3) 〈한국에는 양적 완화 정책이 없었던가?〉, 뉴스인사이트, 신세경

자료.47

M1 = 민간보유현금 + 은행 요구불예금 + 은행 저축예금
+ 수시입출식예금(MMDA) + 투신사 MMF

M2 = M1 + 정기 예·적금 및 부금 + 거주자외화예금 + 시장형 금융상품
+ 실적배당형 금융상품 + 금융채 + 발행어음 + 신탁형 증권저축

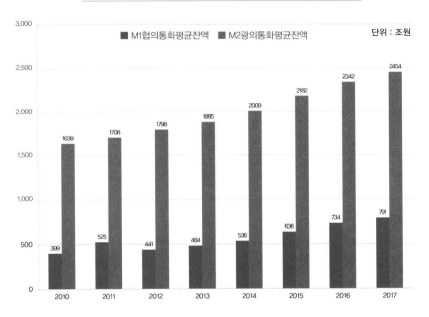

화폐가치와 부동산 가격

지금까지 새우깡 가격 추이, 짜장면 가격과 주택 가격, 금화폐
와 종이화폐, 종이화폐의 구매력 변화, 화폐수량설 교환방정식 등

여러 가지 사례를 들어서 돈과 화폐의 구분 방법과 가치와 가격의 차이점를 설명했다. 간단한 개념이지만 이 개념을 정확히 알고 있는 사람들은 많지 않다. 그래서 재테크는 엄두도 내지 못하고 근로소득이 인생의 절대선인 것처럼 세상을 살아간다. 돈과 화폐의 차이점에 대한 개념을 파악했다는 사실은 이제 경제적으로 자유롭게 살아갈 수 있는 기본적 마인드가 장착됐다는 말과 같다. 이 글을 읽고 있는 당신은 이제 경제적 자유가 멀지 않았다.

자료 48은 유통화폐량과 화폐가치 그리고 부동산 가격에 대한 상관관계를 간략하게 표시해놓은 것이다. 유통화폐량, 즉 종이화폐가 시중에 늘어나게 되면 화폐가치는 떨어지게 된다. 당연하다. 한국에서는 절세미인으로 불릴만한 여자가 우즈베키스탄에서는 여기저기서 밭을 매고 있다는 이야기가 있다. 만약 한국에서 미인으로 대접받던 여자가 우즈베키스탄으로 가면 한국처럼 대접을 받지 못할 것이다. 그건 바로 희소가치 때문이다. 마찬가지로 종이화폐가 시중에 많이 풀리면 종이화폐의 가치는 떨어지고 실물 자산인 부동산 가격은 상승한다.

자료.48 　　　　　　　　　종이화폐 가치와 부동산 가격의 상관관계

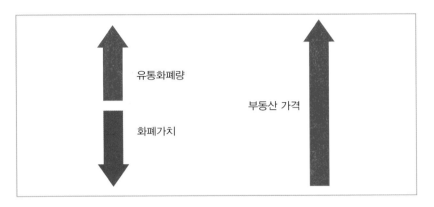

유통화폐량

화폐가치

부동산 가격

　사례를 한 가지 더 들어보자. 1971년 이전에는 1온스 금 가격이 20달러였는데, 현재 1온스 금 가격은 1,279달러다. 이것 또한 많이 떨어진 것이고 한때는 1,900달러까지 치솟았다. 미국 달러는 1971년 금화폐에서 종이화폐로 바뀐 이후에 가치가 60분의 1로 떨어진 것이다. 지금 금을 사려면 1971년에 비해 60배가 넘는 종이화폐를 지불해야 한다.

　부동산도 이와 다르지 않다. 부동산 또한 종이화폐가 늘어나는 만큼의 비율로 종이화폐를 더 주고 살 수밖에 없다. 그렇다면 이쯤에서 OX 퀴즈를 한 번 더 해보자. 부동산 투자를 한 가지 이유로만 실행할 수는 없다. 하지만 이번 장에서 경제적 측면만 생각해봤을 때의 OX 퀴즈다.

O X
부동산에 투자해야 된다?
화폐를 들고 있어야 한다?

여러분은 부동산에 투자하겠는가, 종이화폐를 쌓아두겠는가?

현재의 화폐유통체계에서 종이화폐는 지속적으로 증가할 수밖에 없다. 종이화폐의 가치는 점점 떨어질 것이고 언젠가는 정말 종잇조각이 될지도 모른다. 냉정하게 생각해보면 현재 사용하는 종이화폐는 종이에 잉크를 묻힌 색종이에 불과하다. 다만 국가의 신용으로 구매력을 부여한 것일 뿐이다. 우리는 그 국가의 신용을 믿고 사용을 약속한 것이다. 국가의 신용도가 떨어지면 종이화폐의 가치도 같은 비율로 떨어진다. 국가에서 종이화폐를 찍어내면 찍어내는 비율만큼 물가가 상승하고 그 정도가 심해지면 하이퍼인플레이션으로 가게 된다. 1923년 바이마르 공화국이 그랬고 1930년대 헝가리가, 2009년 짐바브웨가 그랬다. 짐바브웨의 경우 3경

5,000조 원이 고작 1달러의 가치밖에 갖지 못하는 지경에 이르렀다. 짐바브웨 정부는 결국 심지어 100조 원짜리 지폐까지 발행하게 된다. 물론 100조 원짜리 지폐로는 빵 하나조차 살 수 없었다.

물론, 대한민국의 원화 가치가 이 정도는 아니다. 2017년 GDP 규모 세계 12위의 국가인 만큼 하이퍼인플레이션이 당장 일어난다고 생각하는 것은 성급한 판단이다. 하지만 이 순간에도 종이화폐를 계속 찍어내고 있는 것은 틀림없는 사실이다. 나아가 종이화폐를 마구마구 찍어내는 만큼 실물 자산인 부동산의 가격은 마구마구 상승할 수밖에 없다는 것이 이번 파트의 핵심이다. 다른 건 몰라도 이 사실만큼은 꼭 기억해두기 바란다.

자료.50   100조 원짜리 짐바브웨 지폐

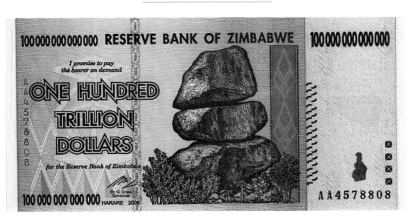

통화량에 따라 부동산 가격이 움직인다

종이화폐가 늘어나면 실물 자산인 부동산 가격이 상승한다고 했다. 사실이라면 종이화폐의 양이 증가하면 즉, 통화량이 늘어나면 부동산 가격이 상승할 것이라는 가설을 세울 수 있고 통화량이 늘어날 것으로 예측되는 정부의 통화정책이나 행위들이 연속해서 발표된다면 향후에 부동산 시장의 활성화를 기대해볼 수 있겠다. 반대로 통화량을 줄이는 정책을 정부가 발표한다면 부동산 시장이 조정을 받을 것으로 예상할 수 있다. 이러한 통화량의 증가요인과 감소요인은 무엇일까?

자료 51은 통화량 증가요인이다. 살펴보기로 하자.

첫 번째, 금리 인하가 있다. 금리는 한마디로 타인의 화폐를 사용하는 대가다. 여기서 타인이란 금융기관이 될 수도 있고 다른 개인이 될 수도 있다. 타인의 종이화폐를 융통해 일정 기간 사용하는 대가로 원금과 함께 추가로 지불하는 비용이다.

금리가 낮다는 말은 현재 종이화폐가 넉넉하게 유통되고 있다는 말과 같다.

두 번째는 LTV/DTI의 완화다. LTV는 주택담보비율인데 주택을 담보로 금융기관에 종이화폐를 빌릴 때 1억 원으로 평가된 주택에 대해서 LTV를 50% 적용해서 빌려주면 5천만 원을 빌려줄 것이고 70%를 적용하면 7천만 원을 빌려줄 것이다. LTV를 20% 높여주면 2천만 원이라는 종이화폐가 시중에 더 공급된다.

DTI는 총부채상환비율로 빌린 종이화폐의 상환능력을 소득으로 따져서 대출한도를 정하는 계산비율을 말한다. 연 소득이 1억 원인 경우 DTI를 50% 적용하면 연간 원리금 상환액이 5천만 원을 넘지 않도록 빌려줄 것이고 70%를 적용하면 7천만 원이 넘지 않도록 빌려줄 것이다. 마찬가지로 20% 높이면 2천만 원이 시중에 더 돌아다니게 된다. 적용비율을 높이면 높이는 비율만큼 시중에 종이화폐가 증가한다.

세 번째는 국채회수다. 국채는 국가에서 세금으로만 부족한 재정지출에 대해서 공식적으로 빚을 내는 행위다. 따지고 보면 국채라는 것은 약정된 미래 어느 날에 국채에 적혀있는 액면금액과 이자를 주겠다는 현금보관증에 불과하다. 이 국채를 회수하겠다는 말은 시중에 있는 현금보관증을 회수하고 종이화폐를 뿌린다는 이야기다. 자연스럽게 시중에 막대한 양의 종이화폐가 공급된다.

네 번째는 세금인하다. 별도의 설명이 필요 없다. 인하된 세금만큼 개인이나 법인이 쓸 수 있는 종이화폐가 늘어나니 시중에 종이화폐가 풀린다.

다섯 번째는 지급준비율 인하다. A 은행에 총 100조 원의 예금이 있다고 치자. A 은행은 이 100조 원을 높은 이율로 다른 사람에게 대출해준다. 그런데 갑자기 예금주가 10조 원의 예금을 인출해달라고 한다. 이 경우 A 은행은 예금주에게 돌려줄 자금이 없다. 이를 대비해 예금자들이 갑자기 자신의 예금을 인출해도 문제가 없도록 일정 부분을 중앙은행에 예치하는 제도가 바로 지급준비금이며, 이 비율이 지급준비율이다.

만약 지급준비율이 10%라면 A 은행은 10조 원을 중앙은행에 예치해야 하지만 5%라면 5조 원만 예치하면 된다. 5조 원을 더 대출해줄 수 있으므로 결과적으로 시중에는 5조 원이라는 종이화폐가 더 풀린다.

여섯 번째는 재할인율 인하다. 재할인율은 중앙은행이 시중 금융기관에 빌려주는 자금의 금리다. 중앙은행이 시중의 통화량을 조절하는 정책인데 간단하게 이야기하면 시중 금융기관 역시 중앙은행으로부터 조달하는 금리가 낮으면 자금을 더 많이 가져다 쓴다고 이해하면 쉽다.

일곱 번째는 재정 지출의 확대다. 재정은 정부의 세입과 세출에 관련된 모든 활동이다. 정부는 재정지출을 통해서 경기를 조절하는데 경기가 침체됐을 때 정부의 지출을 늘려서 시중에 종이화폐를 공급한다. 한마디로 공공사업으로 이해하면 된다. 이러한 정부의 지출은 시중에 종이화폐가 늘어나게 한다.

정부기관의 보도자료나 언론기사에서 살펴본 바와 같은 통화량 증가요인에 관한 내용이 지속적으로 눈에 띈다면 앞으로 시중에 통화량이 증가할 것이라는 추론이 가능하고 통화량이 늘어난 만큼 가치는 하락하고 반대로 실물 자산인 부동산 가격은 올라갈 가능성이 높으므로 부동산 투자에 관심을 기울이는 계기가 돼야 할 것이다.

자료.51   통화량 증가요인

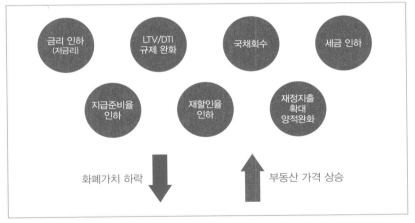

반대로 통화량이 줄어드는 요인은 무엇일까? 자료 52는 통화량의 감소요인이다. 증가요인과는 정반대 정책이라고 생각하면 쉽

다. 금리 인상, LTV/DTI 규제 강화, 국채발행, 세금 인상, 지급준
비율 인상, 재할인율 인상, 재정지출 축소 등이다. 하나같이 시중
에 돌아다니는 종이화폐를 거둬들이는 정책이나 행위다. 마찬가지
로 이러한 통화량 감소요인이 정부기관의 보도자료나 언론기사에
서 자주 보일 때는 향후 실물 자산시장의 조정이 올 수도 있겠다는
생각을 갖기 바란다. 따라서 공격적인 투자는 자제하며 전열을 가
다듬고 시장의 흐름을 예의주시해야 한다.

자료.52   통화량 감소요인

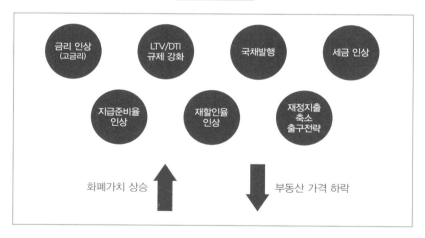

3시간 공부하고 30년 써먹는
부동산 시장 분석 기법

통화량으로 부동산 가격을 알 수 있다

이번 장에서는 부동산 시장 가격의 상승과 하락의 요인 중에서 경제적 측면을 살펴봤다. 돈의 본질적 의미 그리고 금화폐와 종이화폐의 차이를 아는 것만으로도 여러분은 경제적 자유를 누릴 수 있는 최소한의 이론을 터득한 것이다. 종이화폐가 시중에 증가하면 할수록 그 비율만큼 가치가 하락해 실물 자산은 상대적으로 가격이 높아진다. 가치가 높아지는 것이 아니고 가격이 높아지는 것이다. 새우깡이나 짜장면의 가치는 동일한데 가격만 높아지는 것처럼 말이다. 부동산도 예외일 수 없다. 따지고 보면 새우깡이나 짜장면 그리고 부동산은 다 같은 상품이다. 현대 사회는 물물교환의 시대가 아니다. 새우깡을 사고 짜장면을 먹고 부동산을 사면 정당한 대가를 종이화폐로 지불해야 한다. 종이화폐가 시중에 넘쳐나서 가치가 하락하면 상대적으로 상품의 가격이 올라가는 것은 자본주의 경제체제에서 당연한 일이다. 하나도 이상할 것이 없다.

부동산 시장 가격의 변화

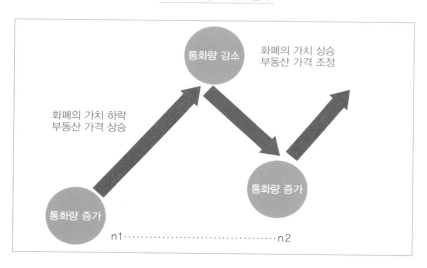

3장
인간의 심리
|ıⅱⅼ

인간은 이기적이지만 합리적이지 않다

'보이지 않는 손'으로 유명한 애덤 스미스는 우리에게 익숙한 철학자이자 경제학자다. 그의 명저 《국부론》은 잘 모르지만 '보이지 않는 손'이 시장경제를 알게 모르게 균형을 이루게 한다는 것쯤은 학교 다닐 때 배워서 알고 있다. 필자는 애덤 스미스가 1759년에 집필한 《도덕감정론》에 나오는 문구를 아주 좋아한다. "이기적인 존재인 인간이 어떻게 합리적인 판단을 할 수 있는가?"라는 문구를 필자의 블로그 대문으로 해놓을 정도로 공감하고 있다.

경제학적으로 이기적인 존재라는 뜻은 부정적인 의미가 아니라 긍정적인 의미다. 사유재산을 인정하는 자본주의 국가에서 다른 사람보다 더욱 노력해서 더 많은 자산을 축적하고자 하는 욕구는 타인에게 위해를 주는 행동이 아닌 이상 누구도 탓할 수 없다. 개인의 발전은 곧 국력이기 때문이다. 그러나 냉정하게 바라보면 '이기적인 존재인 인간이 합리적인 판단을 할 수 있을까?'라는 질문에 그렇다고 대답을 하기에는 많은 고민이 따른다. 인간은 개인의 이기적인 욕구 충족을 위해서 과한 욕심을 부리다가 오히려 재정이 악화되는 경우가 많기 때문이다. 오늘날 부동산 시장 투자자들의 행동을 보면 250여 년 전 애덤 스미스의 통찰력에 절로 고개가 숙여진다.

자료.54　　　　애덤 스미스 도덕감정론의 명문

이기적인 존재인 인간이 어떻게 합리적인 판단을 할 수 있는가?
- Adam Smith, 1759 -

인간의 두 얼굴

EBS 다큐프라임 인간의 두 얼굴 제1부 〈상황의 힘〉을 보면 제 3의 법칙이라는 에피소드가 나온다. 실험 상황극인데 횡단보도 가운데에서 남자 한 명이 무엇이 있는 것처럼 손으로 하늘을 가리키는 행동을 한다. 이때 행인들은 아무런 반응을 하지 않는다. 그러다 곧이어 첫 번째 남자 옆에서 두 번째 남자가 손으로 하늘을 가리키며 같은 행동을 한다. 두 명이 하늘을 가리키며 허공에 무엇인가 있는 것처럼 손짓하지만, 여전히 행인들은 반응을 보이지 않고 무심히 지나친다.

드디어 세 번째 남자가 나타나서 같은 상황을 연출한다. 남자 세 명이 동시에 하늘을 가리키며 무엇이 있는 듯한 행동을 한다. 그러자 첫 번째, 두 번째 남자의 행동에는 아무런 반응을 보이지 않던 행인들이 세 명의 남자가 같은 행동을 하는 순간 하늘을 쳐다보며 무엇이 있는지 확인한다.

실로 놀라운 광경이다. 이번 실험의 시사점은 어떠한 사건에 한두 사람이 관심을 보이는 것에는 사람들이 반응을 보이지 않지만 세 명이 같은 행동을 하게 되면 대다수의 많은 사람이 관심을 두게 된다는 것이다. 그렇다. 사람들은 지극히 이기적인 행동을 하지만 아무런 생각 없이 행동하는 경우도 상당히 많다. 개인의 주관적 의견은 전혀 없이 그냥 군중이 몰려가는 방향으로 따라가는, 전혀 합리적이지 않은 행동도 자주 한다. 부동산 투자도 마찬가지다. 가격이 오르면 몰려가서 사고 가격이 내리면 더 떨어질까 겁을 내고 팔지 못해서 초조해한다. 그것이 바로 인간의 심리다.

자료.55

EBS 〈인간의 두 얼굴〉

타조알 노른자와 계란 노른자
그리고 메추리알 노른자

입지(Location)란 인간이 경제활동을 하기 위해 선택하는 장소를 말하는 것으로, 경제활동의 종류에 따라 입지가 각기 다르게 결정된다. 시중에 돌아다니는 투자 격언에 부동산 투자 물건의 선택조건의 첫째는 입지, 둘째도 입지, 셋째도 입지라는 말이 있다. 주거용이라면 쾌적함과 교통접근성이 좋은 역세권, 자녀의 등하교가 쉬운 학교가 가까이 있고 기왕이면 상위권 학교에 진학률이 높은 소위 학군도 좋으면 금상첨화다. 병원, 공공기관, 편의시설이 가까이 있고 조망도 좋고 공원도 가까이 있으면 더 좋다. 요즘은 스타벅스가 있는 스세권, 교회가 있는 교세권, 숲이 가까이 있는 숲세권 등 이름도 여러 가지다. 직장과 가까운 직주근접도 예외는 아니다. 나아가 생활수준이 높은 사람들이 모여 사는 주택가라면 더할 나위가 없다. 따라서 여러 가지 주변 환경이 좋은 입지에 있는 부동산은 항상 투자자의 관심을 받는다. 향후 시세 상승의 여력이 있는 입지라고 판단하기 때문이다. 상가라면 유동인구가 많아서 공실 걱정 없이 임대료를 많이 받을 수 있는 곳이라면 좋은 입지라고 하겠다. 흔히 노른자 입지라고 한다.

그런데 좋은 입지라는 것이 마음만 굴뚝이지 실제로는 투자하기 쉽지 않다. 매우 비싸다. 비싸서 살 엄두가 나질 않는다. "인구가 줄어든다고 서울대가 미달되지 않는다. 다만 갈 실력이 없는 것이 문제일 뿐이다"라는 우스갯소리가 있다. 마찬가지로 입지가 아무리 좋다고 해도 가격이 비싸다면 투자자 입장에서는 그림의 떡일 수밖에 없다. 그런데도 노른자 입지를 포기하지 말아야 하는 이유는 입지가 좋은 지역은 부동산 시장 활황기에는 다른 지역에 비해서 상승률이 높고 침체기에는 가격이 떨어지지 않고 잘 견뎌주기 때문이다. 이에 반해 입지가 좋지 못한 지역의 부동산 가격은 부동산 시장 활황기에도 상승률이 상대적으로 낮고 침체기에는 떨어지는 폭이 깊다. 즉 시장이 대세 상승기를 맞이하면 자료 56과 같이 노른자 지역에서부터 빨간색 화살표 방향으로 가격상승이 확대되고 침체기에 빠질 때는 외곽지역부터 냉각된다. 계란프라이도 식을 때 가장자리부터 식는다는 사실을 우리 모두 알고 있다.

또한 우리는 흔히들 최고 입지의 주거지역으로 서울 강남구, 부산 해운대구, 대구 수성구 등을 얘기한다. 그런데 이러한 지역들은 이름값만큼이나 진입하기 어렵다. 많은 매입비용이 필요하기에 대부분의 투자자가 포기한다. 그렇다면 어떻게 하면 입지가 좋은 지역에 투자할 수 있을까? 그건 바로 자신의 재정 능력에 맞는 노른자 지역을 선택하는 것이다. 누구나 선호하고 진입하고자 하는 입지를 자료 56의 A 지역과 같은 노른자 입지라고 한다면 여러 가지 입지 조건 중에서 한두 가지가 모자라더라도 해당 지역에서 상대적으로 가장 우수한 조건을 가진 B, C, E, D와 같은 지역이 있다. 그림의 떡은 그림의 떡일 뿐이니 강남이나 해운대만 선호할 필요는 없으며 투자자들이 가장 선호하는 지역을 벗어나더라도 해당 지역에서 상대적으로 우수한 입지를 자랑하는 곳에 투자하면 된다. 자신의 재정 형편이 허락하는 한도 내에서 선택하면 되는 것이다. 타조알 노른자가 안 되면 계란 노른자, 그마저도 안 된다면 메추리알 노른자를 고르자. 어설프게 군중심리를 따라갔다가 영원히 돌아오지 못하는 수가 있다. 저렴하다는 이유만으로 좋지 못한 입지에 투자하는 것은 부동산 시장이 침체기에 들어설 경우 영원히 복구하기 힘든 치명적 손실을 불러올 수 있음을 명심하자.

모르면 차라리 가만히 있는 것이 낫다

사람들의 심리는 묘하다. 모르면 차라리 가만히 있으면 된다. 그러나 가만히 있지를 않는다. 옆집 철수 엄마, 영희 엄마, 세탁소 김 사장 모두가 부동산 투자를 해서 돈(사실은 종이화폐다. 경제적 요인 파트에서 이야기를 많이 했으니 지금부터는 돈이라고 하자. 필자가 돈이라고 쓰더라도 종이화폐라는 사실은 기억하기 바란다)을 벌었다고 하니 나만 가만히 있으면 뭔가 뒤처지는 느낌이고 바보가 된 기분이다. 앞에서 본 제3의 법칙에서도 세 사람이 아무것도 없는 허공에 손을 가리키니 지나가는 사람들이 모두 하늘을 쳐다보지 않았던가? 이렇듯 부동산 시장이 상승하고 주변에서 돈 좀 벌었다고 하면 우르르 몰려가서 부동산 쇼핑을 한다. 반대로 침체기에 빠지면 언제 그랬냐는 듯이 공포감에 휩싸여 갖고 있던 물건을 처분하기에 급급하다. 사람들은 이렇게 이리저리 휩쓸리며 대중이 움직이는 방향으로 몰려다닌다. 이것이 바로 군중심리다.

자료.57　　　　　　　심리에 따른 부동산 가격 변화

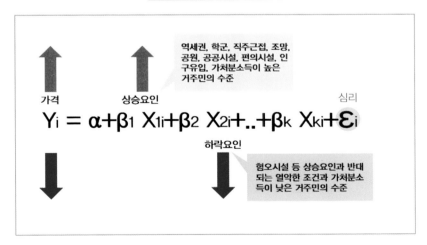

역세권, 학군, 직주근접, 조망, 공원, 공공시설, 편의시설, 인구유입, 가처분소득이 높은 거주민의 수준

가격　　　상승요인　　　　　　　　심리

$$Y_i = \alpha + \beta_1 X_{1i} + \beta_2 X_{2i} + .. + \beta_k X_{ki} + \varepsilon_i$$

하락요인

혐오시설 등 상승요인과 반대되는 열악한 조건과 가처분소득이 낮은 거주민의 수준

자료 57은 상승요인과 하락요인 그리고 심리에 따른 부동산 가격 변화에 대한 공식이다. 보기에는 어려워 보이지만 찬찬히 뜯어보면 어렵지 않다. 이러한 공식을 다중회귀식이라 하는데 '='을 기준으로 오른쪽에 있는 것들, 즉 '$\alpha+\beta_1 X_{1i}+\beta_2 X_{2i}+..+\beta_k X_{ki}+\varepsilon$'를 설명변수라 한다. 설명변수는 왼쪽에 있는 Y_i의 결과 값에 대해서 왜 그런 결과가 나왔는지 설명을 하는 것이다. 만약 Y_i가 부동산 가격이라고 가정하고 그 가격이 1억 원이라면 왜 1억 원으로 평가되는 것인지에 대한 이유를 설명하는 것이다. 이러한 설명에 대해서 결과 값으로 종속된다고 해서 Y_i는 종속변수라고 한다. 여기서 설명변수나 종속변수라는 단어의 개념을 아는 것은 중요하지 않고 다만 =을 기준으로 왼쪽은 결과 값이고 오른쪽은 그 결과 값을 설명하는 것이라고만 이해하면 된다. 즉 설명 변수라는 오른쪽 요인에 의해 종속 변수라는 왼쪽 결과가 나왔다란 뜻으로 단순하게 생각하면 쉽다.

이 공식에 부동산 가격이 형성되는 과정을 대입하면 재미있는 결과를 알 수 있다. 왼쪽 Y_i는 부동산 가격이라 하고 오른쪽 변수들은 그 부동산 가격에 영향을 미치는 여러 가지 요인이라 가정하자. 왼쪽의 부동산 가격은 오른쪽의 여러 가지 요인에 의해서 결정되는데 A라는 부동산은 다른 요인들은 동일하고 상승요인만 있다면 A의 부동산 가격은 상승할 것으로 예상할 수 있고 반대로 B라는 부동산은 하락요인만 존재한다면 B의 부동산 가격은 하락할 것으로 예상할 수 있다. 그런데 실제 현장에서는 이상한 일이 벌어진다. 분명히 A의 가격이 올라야 하는데 오르지 않고 횡보를 한다거나 심지어는 약간의 조정을 보이기도 한다. 반면에 B의 경우 가격이 떨어져야 하는데도 떨어지지 않고 횡보를 하거나 오르기도 한다. 이런 일이 왜 벌어질까? 바로 공식의 오른쪽 끝에 있는 ε 때문인데 사람들의 심리를 의미한다. 사람들은 분명히 상승요인(역세권, 학군, 직주근접, 조망, 공원, 공공시설, 편의시설, 인구유입 가능성, 가처분소득이 높은 거주민의 수준)과 하락요인(혐오시설 등 상승요인과 반대되는 열악한 조건과 가처분소득이 낮은 거주민의 수준)에 대해서 알고 있다.

알고 있다면 당연히 상승요인을 많이 갖고 있는 부동산이 투자자 입장에서 좋은 부동산이다. 그런데 알고 있으면서도 전혀 엉뚱한 선택을 한다. 상식적으로 볼 때 부동산에 투자한다면 가격 하락요인보다는 상승요인이 많은 부동산을 선택해야 하는 것이 옳지만 실제로는 그렇게 하지 않는 투자자가 많다. 다시 돌아가서 원인을 살펴보자. A 부동산이 상승요인을 많이 갖고 있음에도 횡보를 하거나 조정을 보이는 것은 부동산 시장 전체가 하락기이기 때문이고 B 부동산이 하락요인을 갖고 있음에도 가격이 떨어지지 않고 오히려 상승하는 것은 부동산 시장 전체가 상승기 국면에 있기 때문이다. 즉 부동산 시장 전체 상황이 어려우면 좋은 부동산도 가격이 오르기 힘들고 시장상황이 좋으면 못난이 부동산도 가격이 오른다는 말이다. 하지만 반대로 부동산 시장 상황이 대세상승기에 들어서면 A 부동산의 가격은 B 부동산에 비해서 가격상승률이 매우 높고 대세하락기에 들어서게 되면 B 부동산은 평균하락률 이상으로 엄청난 가격하락을 맞이하게 돼 투자자로서 견디기 힘든 손실을 맛보게 된다. 알면서도 이러한 결과를 초래하게 되는 원인은 초보 투자자가 남들이 모두 돈을 벌었다고 하는 시기에 투자하기 때문이다. 즉, 대세상승기가 어느 정도 진행이 된 시기에 투자 시장에 진입하기 때문이다. 이 정도 상황이면 상승요인이 많은 좋은 부동산은 가격이 이미 상당히 올라있기 때문에 초보 투자자는 접근하기가 힘들다. 가격이 많이 올랐으니 '떨어지면 어떡하나?'라는 심리가 들어 불안하기 때문이다. 그래서 A 부동산은 포기하고 아직 가격이 덜 오른 B 부동산을 선택한다. 아직 가격이 덜 오른 이유는 하락요인을 많이 갖고 있는 부동산이기 때문인데 초보 투자자는 이러한 사실을 간과하고 아직 오르지 않았다는 이유로 또는 저렴하다는 이유로 하락요인이 많은 부동산에 투자한다. 알면서도 시장 분위기에 휩쓸리는 것이다.

투자할 자금이 없어서 그렇다고 항변하는 사람들도 많이 있을 법하다. 그런데 필자의 주변을 돌아보면 자금이 있는 사람도 못난이 부동산에 투자하는 사람들이 많다. 일선의 공인중개사무실에서도 못난이 부동산을 권하는 경우도 많고 아직 내공이 부족한 초보 투자자들이 서로 간에 격려(?)와 잘못된 믿음으로 몰려가서 일을 저지르는 경우도 필자는 부지기수로 봐왔다. 그러나 부동산 투자 시장은 냉정하다. 따지고 보면 모두가 경쟁자이며 수익을 얻기 위해서는 여러분이 산 가격보다 더 높은 가격으로 사주는 사람이 있어야 한다. 하락요인을 많이 갖고 있어서 팔리지 않는 못난이 부동산을 대세상승기 끝자락에 아직 오르지 않았다는 이유로 또는 다른 부동산에 비해서 조금 밖에 안 올랐다는(유식하게 저평가되었다는 말로 둔갑한다) 이유만으로 투자하는 바보가 되지 말자. 모르면 사지 말자.

폭락의 조건

세상의 모든 일에는 원인과 결과가 있다. 대한민국 부동산 시장에는 많은 사람이 종사하고 있다. 소위 전문가라는 사람들이 부동산 시장에 많은 의견을 내놓는다. 통상적으로 둘로 나뉘는데 상승론자와 하락론자로 구분할 수 있다.

자료.58

폭락의 조건

상승론을 주장하는 전문가들은 부동산이란 글자 그대로 움직일 수 없는 재화이므로 소비자가 원하는 지역에 원하는 물량만큼 공급하는 것이 물리적으로 불가능하다는 점을 근거로 해 지역별 양극화는 발생하지만 결론적으로 상승할 수밖에 없다는 논조를 제시한다. 이에 반해 하락론을 주장하는 전문가들은 대한민국의 인구 구조와 주택보급률, 부채를 통한 매입, 금리 인상 리스크 등의

3시간 공부하고 30년 써먹는
부동산 시장 분석 기법

근거를 제시하며 부동산 시장(주택) 가격 하락을 예상한다. 필자는 이러한 전문가들의 주장은 나름대로 일리가 있다고 생각한다. 하지만 농담 반 진담 반으로 이야기하자면 주택 가격이 상승하는 이유를 말하자면 100가지도 넘고 하락하는 이유도 100가지가 넘는다. 시장은 그렇게 호락호락하지 않다. 오죽하면 시장의 움직임은 신도 모른다고 하지 않는가?

필자는 상승론자도 아니고 하락론자도 아니다. 다만 부동산 시장이 움직여왔던 지난 역사를 살펴보고 앞으로는 어떻게 될 것인지 많은 관심을 두고 있을 뿐이다. 이번 장은 인간의 심리적 요인을 설명하는 파트인 만큼 인간의 심리가 부동산 시장에 어떻게 작용하는지에 대해서 설명해보고자 한다. 앞에서도 이미 말했지만 인간은 이기적인 존재라서 합리적으로 행동하는 것이 불가능하다고 본다면 이러한 사례들은 어떠한 것이 있을까?

하락론을 주장하는 전문가들은 향후 부동산 시장을 부정적으로 예측한다. 하락에 대한 경고 수준이 아니라 하락이 돼야만 한다고 강력히 주장한다. 더 나아가서 폭락이 불가피하다는 식의 발언도 서슴지 않는다. 과연 그럴까? 이 책을 읽고 있는 여러분이 향후 주택 시장에 폭락이 일어날 거라고 예측한다면 그 폭락의 조건 또는 이유는 무엇이라고 생각하는가? 주택 가격의 폭락이 일어난다면 그 결과를 초래할 수밖에 없었던 원인이 있을 것이다. 간단히 표현하자면 바로 폭등이다. 그렇다. 폭락이 오려면 당연히 폭등이 있어야 한다. 우리는 폭등을 다른 말로 거품, 즉 버블이라 말한다. 버블은 경제학적으로 설명이 안 되는 급격한 가격 상승을 지칭하는데 이러한 버블은 세계사에서 여러 사건으로 우리에게 기억되고 있다.

가까이는 2000년대 초 IT 버블이 그러했고 철도 버블, 방송 버블, 전기 버블 등 새로운 산업의 탄생은 항상 버블과 궤를 같이했다. 1634년 네덜란드의 튤립 버블, 천재 뉴턴도 주머니가 털린 영국의 남해회사 주식 버블, 프랑스의 미시시피 버블, 1990년 일본의 부동산 버블 등 사례는 너무도 많다. 버블은 인간의 심리적 광기로 인해 발생하는데 짧은 기간 동안 가격의 폭등을 불러왔고 결국 폭락으로 이어져 비이성적인 행동의 결과물인 자산의 몰락을 가져왔다. 향후 대한민국 부동산 가격의 폭락을 주장하는 사람들의 논리대로 가격이 폭락하려면 현재의 부동산 가격, 즉 주택 가격은 폭등이 있어야 하는데 주택 가격이 정말 폭등의 수준에 있는지 알아볼 필요가 있다. 만약 역사적인 사건과 대비해서 정말 폭등의 수준에 와있다면 폭락의 가능성이 높다는 주장에 설득력이 있기 때문이다.

3시간 공부하고 30년 써먹는
부동산 시장 분석 기법

튤립 파동과 잃어버린 10년

역사적인 버블 사건이 여러 가지 있지만 여기서는 두 가지만 살펴보도록 하자. 첫 번째는 네덜란드 튤립 버블 사건이다. 당시 네덜란드는 자본주의의 실험장이었다. 1630년대 대호황을 누리면서 경제성장률이 높았고 주가와 부동산 가격도 천정부지로 올랐다. 사람들은 노동을 통해서가 아니라 투자를 해서 돈을 벌려고 하고 돈을 번 사람들은 새로운 투자 상품에 관심을 기울였다. 마침내 귀족과 부유층의 전유물이었던 튤립에 사람들은 열광했고 튤립 광풍이 불면서 사회 전체가 흔들렸다. 당시 네덜란드 연방공화국도 위험성을 인지하고 여러 차례 거래를 금지하기는 했지만, 튤립으로 한몫 잡아보려는 사람들의 광기를 진정시키기에는 어떤 수단도 소용없었다. 스코틀랜드 출신 찰스 맥케이는 1841년 자신의 저서에서 광풍이 불던 당시에 튤립(실제로는 튤립 꽃을 피울 수 있는 알뿌리를 매매했다) 하나로 살 수 있는 목록을 작성했는데 '밀 550리터, 호밀 1,100리터, 와인 200리터, 맥주 4배럴, 버터 2톤, 치즈 1,000리브르, 살찐 소 4마리, 살찐 돼지 8마리, 살찐 양 12마리, 침대 하나, 양복 한 벌, 은제 컵 등등 적기도 힘들 정도로 높은 가격이 형성돼있었다고 한다. 1634년부터 오르던 튤립의 가격 상승세는 1637년 1월에 절정에 달했으며 하루에 두세 배씩 오를 때가 있었고 한 달 동안 몇천 퍼센트나 상승하기도 했다. 1634년부터 3년 동안 튤립 가격이 일 년 치 연봉과 맞먹을 정도로 상승했다가 1637년에 99% 폭락을 한다. 비정상적으로 폭등한 후 폭락한 것이다.

자료.59　　　　　네덜란드 튤립 가격 추이

자본주의 실험장서 벌어진 '꽃 투기' 1637년 네덜란드 튤립 광풍

밀 550ℓ, 호밀 1100ℓ, 와인 200ℓ, 맥주 4배럴, 버터 2t, 치즈 1000 리브르, 살진 소 4마리, 살진 돼지 8마리, 살진 양 12마리, 침대 하나, 양복 한 벌, 은제 컵… 적기도 힘들 정도로 높은 가격이 형성돼 있었다.

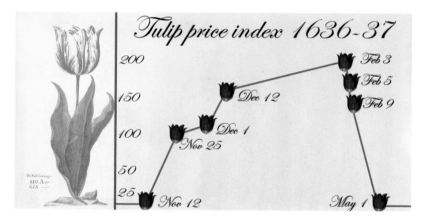

두 번째는 잃어버린 10년으로 회자되는 일본 버블이다. 부동산 가격 폭락을 주장하는 사람들의 단골 메뉴가 바로 일본 버블이다. 대한민국이 일본을 따라간다는 표현을 하는데 주요 골자는 인

구절벽과 노령화로 인한 생산가능인구의 감소다. 젊은이가 부양해야 할 노인들의 수가 많아지므로 사회 전반에 생산성과 활력이 떨어지며 가처분소득이 감소하고 이에 따라 부동산 가격도 하락한다는 이야기다. 즉, 대한민국도 일본을 따라서 경제가 저성장 기조에 돌입해 결국 부동산 가격도 하락한다는 주장이다. 그러나 일본 버블로 인한 부동산 가격의 하락 원인과 대한민국의 향후 부동산 가격 폭락의 원인이 동일하다는 일부 폭락론자들의 주장에 필자는 동의할 수 없다. 일본의 잃어버린 10년이 발생한 원인은 전혀 다른 곳에 있기 때문이다.

자료.60　　　　　　　　　　일본 잃어버린 10년의 이유

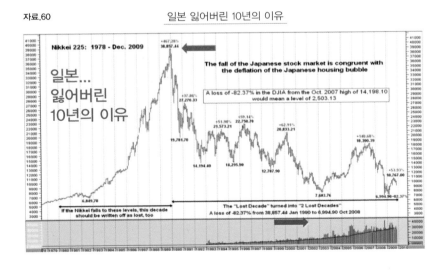

330 강의 시간에 일본의 잃어버린 10년이 어떻게 발생됐는지에 대해서 질문을 해보면 명확하게 답변을 하는 사람이 거의 없다. 추측하건대 신문이나 방송에서 하락을 주장하는 사람들이 앵무새처럼 반복하는 이야기를 여과 없이 받아들인 결과가 아닌가 하는 생각이 든다.

일본은 패전국가임에도 불구하고 1950년 한국 전쟁 발발에 따른 수혜와 1951년 미일안전보장조약에 의해 미국은 일본 군수 산업에 엄청난 투자를 했다. 이것은 일본 내 다른 산업에도 영향을 미쳐 1950년대 일본은 연평균 10%를 웃도는 경제성장률을 보이게 됐다. 이러한 일본의 경제성장률은 1970년대까지도 이어진다. 이에 비해 미국은 1970년대 두 차례의 석유파동을 겪으며 깊은 경제 불황에 빠져든다. 원자재 가격 상승으로 인한 생산자 물가 상승은 미국 제조업의 몰락으로 이어졌고 일본의 공산품이 대거 미국으로 수출되는 상황이 됐다. 당연히 미국은 일본에 대해 무역적자를 보게 됐고 이러한 대일 무역적자는 막대한 규모로 늘어나고 미국의 심기를 불편하게 만든다. 이에 미국은 일본에 대한 무역적자를 방어하기 위해서 소위 플라자 합의를 하게 되는데 일본 엔화를 평가절상(엔화의 가치를 올리라는 뜻)하라는 것이었다.

1985년 1달러에 250엔 하던 것을 150엔으로 평가절상하기로 합의하는데 실제로는 2년도 안 돼 120엔까지 상승한다. 이러한 엔화의 고평가는 일본경제에 엄청난 영향을 끼치게 된다. 갑자기 환율 이야기가 나오니 독자들은 이해하기 힘들다고 생각할 수도 있지만, 알고 보면 무척이나 쉽다. 1달러에 250엔 하던 환율이 120엔까지 절상됐다는 말은 엔화의 가치가 올라간다는 말인데 수입에는 좋을지 모르나 수출에는 악영향을 끼친다. 예를 들어 일본이 미국에 도요타 자동차(여기서 도요타 자동차는 특정 업체가 아니라 일본 전체 기업이나 개인들을 상징적으로 이야기하는 것이다. 오해 없기 바란다)를 한 대 팔면 플라자 합의 이전에는 250엔을 받았지만, 이후에는 120엔밖에 받지 못한다는 의미다. 즉 수출대금이 반 토막이 되는 것이다. 회사 경영이 힘들 수밖에 없다. 그래서 일본 정부는 도요타 자동차를 도와주기 위해서 저금리로 많은 돈을 빌려주게 된다. 목적은 간단하다. 정부에서 빌려준 돈으로 연구개발을 해서 원가절감을 해 수익구조를 개선하라는 뜻이다. 그런데 도요타 자동차는 그렇게 순진하지가 않다. 마른 수건을 또 짜는 경영 개선보다는 풍부한 자금으로 주식이나 부동산 투자를 하게 된다. 플라자 합의 이전까지는 미국에 있는 빌딩 한 채를 사기 위해서 250엔이 필요했지만 플라자 합의 이후에는 엔화의 가치가 상승해 120엔으로 구입이 가능하게 됐기 때문이다(계산을 편하게 하고 독자들의 이해를

돕기 위해서 도요타 자동차 한 대를 250엔, 미국의 빌딩 한 채를 250엔으로 표현했다). 경제적으로 합리적 선택을 하는 사람이라면 당연한 행동이다. 결과를 보장할 수 없는 연구개발보다는 주식이나 부동산 투자를 하는 것이 많은 수익이 남을 거라는 예상을 할 수 있기 때문이다. 이것이 바로 일본의 부동산 버블 진행 과정이다.

그런데 더 큰 문제는 따로 있었다. 1985년 플라자 합의를 발표하자 전 세계의 투기자본이 일본으로 쏟아져 들어간다. 일본 엔화 환율이 2년 후에 1달러당 250엔에서 120엔이 된다는 플라자 합의 내용을 다른 말로 바꾸면 엔화의 가치가 2년 후에 2배가 된다는 말과 같다. 만약에 금값이 2년 후에 2배로 오른다면 당신은 어떠한 선택을 하겠는가? 합리적인 투자자라면 당연히 금을 사러 갈 것이다. 같은 이유로 전 세계의 투기자본이 일본으로 몰려 들어간 것이다. 엔화로 교환한 투기자본들이 그 엔화를 그냥 놀리지 않고 일본 주식과 부동산에 투자해 가격을 폭등시키는 결과를 초래했다.

일본 정부는 시중에 엄청나게 풀린 돈으로 인해 발생한 물가상승을 진정시키고자 2.5%였던 금리를 6%로 올린다. 눈치 빠른 투기자본들이 한순간에 일본에서 썰물같이 빠져나간다. 바로 그때부터 일본의 버블은 터지기 시작한다. 더 이상 물건을 받아줄 돈이 말라버린 것이다. 순식간에 주식과 부동산 가격이 폭락하기 시작한다.

　일본 버블이 터진 후 1991년부터 2000년까지 경제성장이 어려웠던 기간, 바로 그 10년의 시간을 잃어버렸다고 해서 '일본의 잃어버린 10년'이라 하는 것이다. 일본 버블은 일본 정부의 저금리와 자금대출로 인한 풍부한 유동성 그리고 전 세계 투기자본의 일본 유입에 따른 종이화폐의 대량 증가가 근본 원인이다. 인구절벽과 노령화로 인한 생산인구 감소 같은 이유가 아니다. 따라서 대한민국이 일본의 잃어버린 10년을 따라가서 부동산 시장이 폭락할 것이라는 주장은 전혀 사실과 다르다.

동경아파트 VS 서울아파트

　지금 쓰고 있는 이 책의 목적이 부동산 시장의 분석기법인 만큼 결국 기승전부동산으로 이야기를 풀어갈 수밖에 없다. 지금 대한민국의 부동산 가격이 폭등 수준인지 아니면 적정 수준인지에 대해서는 국책연구기관의 보고서나 민간연구기관의 여러 가지 자료에서 제시되고 있다. 해외 각국의 GDP 대비 가격수준을 비교하고 가구소득 대비 주택 가격 비율(PIR)을 갖고도 이야기한다. 그런데 필자는 전혀 엉뚱하게 접근을 해보고자 한다.

일본 버블이 터지던 1990년 동경 도심의 아파트 가격은 얼마였을까? 부동산 가격 특히 주택 가격의 폭락을 주장하는 사람들이 대한민국이 일본을 따라가고 있다고 주장하니 일본 버블이 터지기 전 동경의 제일 비싼 아파트와 현재 서울에서 제일 비싼 아파트와 비교를 해보면 의외로 간단하게 서울의 주택 가격이 버블 상태에 진입해 있는지 아닌지 알 수 있을 것이다. 그 당시 동경에서 가장 비싼 아파트는 20억 엔이었다. 20억 엔은 2017년 현재의 환율로 계산하면 대한민국 돈으로 약 200억 원이다. 하지만 일본 버블은 26년 전의 사건이니 당시의 환율을 적용하고 다시 현재의 가치로 환산해야 할 것이다. 26년 전의 환율로 계산하면 100엔당 약 500원 정도 했으니 계산하면 약 100억 원이다. 100억 원을 현재가치로 환산하기 위해서 연 5% 복리로 계산해보면 약 380억 원이다(현재 한국은행 기준금리는 낮지만 1990년대 예금이자가 10%가 넘었다). 연 3%로 계산해도 약 230억 원이다. 일본은 면적이 큰 아파트가 없으니 서울의 비슷한 규모인 24평형 아파트와 비교해보겠다. 현재 서울에서 가장 비싼 아파트를 평당 1억 원으로 계산해도 24억 원이다. 상대적으로 낮은 3%로 현재가치를 환산하더라도 지금 서울에서 가장 비싼 아파트 가격은 일본 아파트의 10분의 1밖에 되지 않는다. 현재 서울의 주택 가격은 다소의 조정은 있을지 몰라도 폭락을 할 만큼 폭등을 하지 않았다는 것이 필자의 생각이다.

자료.61 　　　　　　　　　　일본 버블경제 회고 방송에 달린 댓글

일본 2ch 버블경제 회고 방송 댓글

○ 입사 시험 도중에 집으로 돌아갔지만 합격했다 (고졸의 스무살 도장공이나 목수 견습생 급여가 월 40만엔을 넘겼어. 그런데도 사람이 없었던 시대)
○ **20대에 연봉 천만엔이었다**
○ 대학입학 축하로 외제차를 사주는 시절
○ 5개 회사에 면접을 간다. 교통비를 신청하고 총 1500엔 정도를 쓴다. 그럼 대략 1만 5천엔 정도가 들어온다. 어떤 바보들은 100개 정도의 회사를 돌아서 중고차를 샀다.
○ **89년 당시의 잡지에 여자들이**「남친의 연봉은 2천만엔 정도면 충분해요.」라고 말하고 있었어
○ **남자들하고 놀러 가면 여자는 빈 지갑만 들고 가도 됐어. 돈은 전부 남자가** 내주고, 돌아갈 때는 지갑에 현찰 다발을 꽂아 줄 정도였으니까.
○ **누구나 주식에 뛰어들어서, 주부를 대상으로 한 주식강좌는 언제나 예약이** 곧바로 마감될 만큼 대인기 였어
○ **맨션에 살고 있었는데 몇 개의 부동산 업체에게 전화가 와서**「값이 오를텐데, 구매를 하시죠 라고 했어」
○ **집이나 토지를 사고 싶다고** 은행에 말만 하면 무심사로 계속 융자를 해줬지
○ **세계의 기업 TOP 10을 전부 일본 기업이** 차지하고 있었다
○ **지금 나는 40살이지만 여기 나온 이야기들은 모두 진짜야**

검은색 백조(Black Swan)

우리의 상식으로 백조는 흰색이다. 그런데 검은 백조라니? 그 래서 이 말은 일어날 수 없는 사건이라는 의미로 쓰인다. 그런데 이러한 일이 실제로 일어났다. 1790년 영국의 박물학자 존 레이 섬(John Latham)에 의해 오스트레일리아에서 정말 검은색 백조가 발견됐다고 학계에 보고됨에 따라 '불가능하다고 생각되는 일이 실제 발생한다'는 뜻으로 통용하게 된 것이다. 인간의 심리는 자신 이 갖고 있는 생각이나 신념을 확인하고 그 방향으로 나아가려고 하는 경향이 있다. 쉽게 말해서 자신이 보고 싶은 것만 보고 듣고 싶은 것만 듣는다는 뜻인데 이것을 확증편향이라 한다. 그래서 부 동산 투자를 해서 쏠쏠한 재미를 보게 되면 더욱더 큰 베팅을 하게 된다. 한 채가 두 채 되고 두 채가 세 채 되는 식이다. 부동산 시장 이 어떻게 흘러갈지는 신경 쓰지 않는다. 아니 신경 쓰지 않는다 기보다 모든 정보를 좋은 방향으로만 해석하는 것이다. 이것은 이 래서 부동산 시장에 좋고 저건 저래서 부동산 시장에 좋다. 그래 서 자신이 투자한 물건은 무조건 수익을 볼 것이라는 자신만의 환 상에 사로잡힌다.

《블랙 스완》(나심 니콜라스 탈레브 지음)이라는 책에는 이러한 내용이 있다. "세계 금융위기가 터지자 이제야 사람들은 그것을 뒤늦게 설명하며 지금의 세계 금융위기를 예측 가능하고 설명 가능했던 것으로 만들려고 한다" 그리고 "오류가 크다는 것이 문제가 아니다. 예측에 오류가 있을 수 있음을 깨닫지 못한다는 것이 정말로 심각한 문제다" 그렇다. 자신이 생각하고 행동하는 방향이 앞으로 펼쳐질 현실과 다를 수 있다는 사실에 대해서 전혀 생각하지 않는다. 지나간 버스는 다시 오지만, 투자 손실은 회복되기 무척이나 힘들다.

자료.62

블랙스완 주요 내용

넥타이 차림의 신사들을 경계하라

지금 우리 현실에서 맞닥뜨리고 있는 세계 금융위기 역시 느닷없는 검은백조의 출현이다. 마법과 같은 금융공학으로 수많은 파생상품을 만들었던 금융전문가건, 금융전문가에게 고수익을 보장받은 소비자건 누구도 거기에 투입된 어마어마한 자본이 순식간에 휴지조각이 될 수도 있다는 사실을 예측하지 못했다.

언제까지나 금융시장이 호황일 것처럼 고삐 풀린 망아지 마냥 금융자본은 사람들의 일상 영역에까지 파고들었다(검은 백조의 첫 번째 특징).

그러나 금융위기에 대한 예측이 불가능했기 때문에 (혹은 하지 않았기 때문에) 이에 대한 안전망이 존재하지 않았고, 때문에 금융위기가 몰고 온 파괴력은 지금 우리가 목도하고 있는 대로 끔찍한 수준이다(검은 백조의 두 번째 특징).

그리고 세계 금융위기가 터지자 이제야 사람들은 그것을 뒤늦게 설명하며 지금의 세계 금융위기를 예측가능하고 설명 가능했던 것으로 만들려고 한다(검은 백조의 세 번째 특징).

"오류가 크다는 것이 문제가 아니다. 예측에 오류가 있을 수 있음을 깨닫지 못한다는 것이 정말로 심각한 문제다."(26P)

그러나 "선택할 수만 있다면, 경쟁의 질서 바깥이 아니라 그 위에 서라"고 말한다.

"자신이 설계한 게임에서는 쉽게 패배자가 되지 않는 법이다. 검은백조 식으로 말한다면, 개연성 없는 일이 당신을 지배하는 것을 방치할 때, 당신은 그 극히 일어날 법하지 않은 일에 노출된다는 것을 의미한다. 그러니 항상 당신이 하는 일을 장악하라."(463~464P)

영화 〈빅쇼트〉는 공매도라는 뜻인데 가격이 하락하는 쪽으로 베팅한다는 의미다. 2015년 12월에 개봉한 영화인데 2010년 발간된 동명 소설을 원작으로 하고 있으며 실화를 소재로 한 영화다. 부동산 투자를 하는 사람이라면 반드시 봐야 할 영화라 생각한다. 4명의 투자자가 서브프라임 모기지 사태를 예상하고 부동산 가격이 하락하는 쪽으로 가진 자산을 올인한다. 의사 출신 투자자 마이클 버리는 미국 주택시장이 비이성적으로 운영되고 있다는 사실을 간파한다. 은행이 수익을 늘리기 위해서 상환능력도 없는 사람들에게 고율의 이자를 받고 무분별하게 주택담보대출을 해주고 있다는 사실을 알게 된 것이다. 강아지에게 대출승인을 해주는가 하면 수입이 일정하지 않은 클럽의 댄서에게도 5채 이상의 부동산에 담보 가치 이상의 대출을 해준다. 이를 보고 미국 경제가 무너진다는 쪽으로 많은 돈을 베팅하고 주변의 사람들에게 조롱과 비난을 받았지만 결국은 월스트리트 대형은행들로부터 막대한 돈을 벌어들인다. 우리가 영화 〈빅쇼트〉에서 느껴야 할 점은 시장 상황에 대해서 합리적인 의심을 해야 한다는 것이다. 관성과 타성에 젖어 군중심리에 동화돼 영혼 없이 움직인다면 결국 남는 것은 파산뿐이다.

3시간 공부하고 30년 써먹는
부동산 시장 분석 기법

영원한 상승도 영원한 하락도 없다

　앞에서 살펴본 바와 같이 부동산 시장의 흐름은 한 방향으로 지속될 수 없고 상승과 조정을 반복하면서 우상향한다. 2016년 후반부터 2017년 8월 2일 문재인 정부의 주택시장안정화 방안이 나오기 전까지 서울과 부산의 부동산 시장은 과열 양상을 보였다. 이렇게 시장이 과열되면 정부에서는 규제책을 내놓을 수밖에 없다. 물론 규제 강도는 정부 성향에 따라 다를 수 있으나 규제가 가해진다는 사실은 분명하다.

부동산 시장이 과열되면 규제가 강화되며 이는 투자자의 투자 활동을 어렵게 만든다. 거래를 어렵게 한다든지 양도세를 중과세 한다든지 해서 투자하기 힘든 환경을 만드는 것이다. 한 번의 규제로 부동산 시장이 진정되지 않으면 더욱 높은 강도의 규제를 시행하고 결국 시장은 고통받게 된다. 뒤늦게 투자를 했던 사람이나 자신의 재정 능력을 초과해서 투자한 사람들은 시장에서 견디지 못하게 되고 손실로 이어진다. 이러한 와중에 1997년 IMF 사태나 2008년 서브프라임 모기지 사태 같은 국내외적 대형 위기라도 오게 되면 가격이 더 많이 떨어질 것 같고 부동산 투자는 끝난 것 같다는 생각에 가격이 많이 하락한 부동산까지도 처분하게 된다.

그러나 부동산 시장이 침체기에 들어서면 정부에서는 반대로 부동산 시장 부양을 위해서 그동안 묶어놓았던 규제를 하나둘씩 풀게 된다. 국민의 세금으로 국가를 경영해야 하는데 부동산 시장이 혼수상태에 빠지면 정부의 곳간 또한 비게 되기 때문이다. 부동산 시장의 부양을 위해 지속적으로 규제를 풀게 되면 시장은 바닥을 찍고 반등한다. 이 정도쯤이면 주변에 한두 명이 부동산으로 돈을 벌었다는 소리가 나오고 지난 시장에서 투자 손실을 봤던 투자자들까지 과거의 손실을 망각하고 다시 투자 시장에 뛰어든다. 너도 나도 부동산 투자에 뛰어들면 또다시 과열되고 정부는 다시 규제하는 사이클이 반복되는 것이다. 인간의 심리는 이토록 어리석다. 알면서도 다시 뛰어든다. 뛰어들기보다는 빠져나오는 것을 더 잘해야 하는데 과한 욕심이 눈을 멀게 만든다. 군중심리에 이끌려 다니지 말고 시장을 냉정하게 보고 자신만의 투자 철학을 갖도록 공부하고 노력해야 한다.

자료.64　　　　　　　　　　시장의 흐름

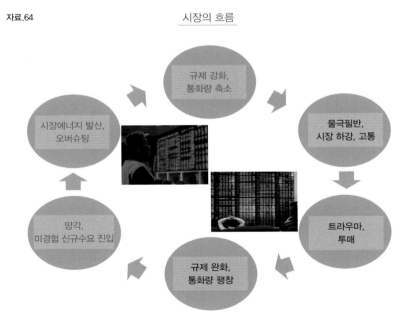

4장
수요와 공급

||||

따로 노는 수요 공급

수요란 특정 상품을 사고자 하는 의지와 실제로 구매할 수 있는 능력을 갖고 있는 사람들의 욕구를 말한다. 일반적으로 사람들은 가격이 오르면 수요를 줄이고 자신의 구매능력에 비해서 저렴하다면 수요를 늘린다. 그러나 수요의 총량을 단순히 가격만 갖고 논할 수는 없고 소득수준, 기호, 다른 대체재의 가격 등을 고려해서 최종 구매결정을 하는 것까지 포함해야 한다. 공급이란 상품을 판매하고자 하는 의도와 실제 공급할 수 있는 능력을 말한다. 공급역시 가격이 높다면 공급이 늘어나고 낮다면 공급이 줄어든다. 하지만 가격이 일정하더라도 원가 변동이나 생산기술의 변화로 공급량이 변할 수 있다. 통상적으로 시장경제에서는 수요와 공급이라는 양쪽의 힘이 일치할 때 균형가격을 이루게 된다.

그러나 수요에 비해 공급이 비탄력적인 상품, 즉 수요가 아무리 많아도 물리적으로 즉각 공급할 수 없는 상품들이 있는데 대표적인 것이 부동산이며 그중에서도 공동주택이다. 다른 부동산과 달리 주거에 필수인 주택은 남녀노소 할 것 없이 시장에 참여한다. 매매든 전월세든 인생에서 몇 차례 혹은 수십 차례 계약서를 써야 하고 사용을 해야만 한다. 그런데 부동산은 수요가 있다고 해서 즉시 공급할 수 없다. 아무리 수요가 많아도 공사 기간만 최소 2년 이상의 기간이 필요하고 택지개발까지 포함한다면 7~8년의 시간이 소요된다. 수요와 공급의 매칭이 잘 이뤄지지 않는 가장 큰 이유다. 때로는 과한 공급으로 때로는 공급물량의 부족으로 가격이 비정상적으로 형성된다.

단독주택이나 호수가 적은 연립의 경우에는 공사 기간이 대폭 줄어들지만, 국민의 관심사는 아파트로 불리는 공동주택에 몰려 있으므로 아파트 이야기만 하기로 하자. 자료 65는 1986~2016년 전국 주택매매 가격지수다. 빨간색으로 표시된 부분은 2006년부터 현재까지의 가격지수다. 물론 전국 평균값이다. 월별로 펼쳐놓으면 상승과 조정을 반복하면서 우상향 그래프가 그려지겠지만, 연도별로 표시해 큰 흐름만 보여주니 지속적인 상승곡선을 나타내고 있다.

자료.65

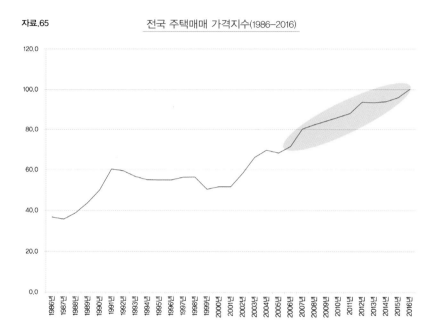

전국 주택매매 가격지수(1986-2016)

자료 66은 2006년부터 2017년까지의 서울 및 5대 광역시 공동주택 가격지수다. 자료 65가 전국 주택 가격의 평균임에 반해 자료 66은 서울과 5대 광역시 가격의 변화만 나타내고 있다. 보는 바와 같이 전국 주택 가격은 지속적인 우상향을 하고 있지만, 서울과 인천을 비롯한 광역시는 주택 가격이 개별적으로 움직이고 있다. 수도권인 서울과 인천은 2005년에서 2008년까지 가격이 상승했고 이후 조정을 보이다 2013년부터 다시 상승하고 있다. 이에 비해 지방의 광역시는 2008년부터 바닥을 다지고 2009년부터 상승을 시작하고 2008년 부산, 2009년 대전, 2010년 울산, 2011년 대구 및 광주 등 각 시장이 개별적으로 움직였다. 이렇듯 전국 부동산 시장과 지역 부동산 시장은 같이 또 개별적으로 움직인다. 수도권과 비수도권이 동일한 가격 패턴을 보이면 동조화 시장이라 하고 다르게 움직이면 탈동조화 시장이라 일컫는다. 따라서 전국의 주택 가격이 올랐다고 해서 지역의 부동산 가격이 반드시 오르는 것은 아니다. 수요 공급의 균형점이 지역별로 다르기 때문이다. 성공적인 투자를 위해서는 전국 부동산 시장 흐름과 함께 개별시장의 움직임도 읽어내는 능력을 갖춰야만 한다. 개별시장의 움직임은 수요와 공급이 주는 영향이 다른 요인에 비해서 상당히 크다.

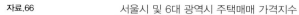

자료.66   서울시 및 6대 광역시 주택매매 가격지수

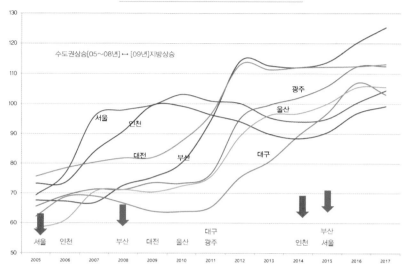

공급의 과부족을 알기 위해서는
수요량 파악이 우선이다

　주택 수요량 파악의 필요성은 지역별 시장에 공급되고 있는 물량이 초과인지 부족인지를 파악하기 위해서다. 투자자 입장에서 투자하고 싶은 지역의 다른 조건이 긍정적이라 하더라도 향후 입주물량이 적체돼있다면 투자를 실행해서는 안 된다. 반대로 입주물량이 적거나 부족한 지역이라면 수요공급법칙에 의한 주택의 희소성으로 투자 수익을 기대해볼 수 있을 것이다. 그렇다면 주택 수

요량을 어떻게 알 수 있을까? 각종 재테크강의에서 여러 가지 방법을 제시하는 경우가 있으나 정확한 근거가 뒷받침되는 주장은 들어보지 못했다. 필자는 공신력 있는 국가기관에서 발표한 자료를 인용한다면 어느 정도의 정확성은 확보할 것으로 판단하고 있다.

2013년 12월, 국토교통부가 제2차 장기 주택종합계획을 발표했다. 국토교통부 장관은 국민의 주거안정과 주거수준 향상을 위해서 주택법 제7조에 근거해 10년 단위의 장기주택종합계획을 수립해야 한다. 계획의 목적은 인구, 사회, 경제 여건의 변화와 주택시장 환경의 변화, 주거문화 변화 등을 종합적으로 반영해 새로운 주택정책 비전의 수립과 추진 방향 그리고 국민의 주거안정에 필요한 최소한의 신규주택 수요의 물량을 제시하는 데 있다.

신규주택의 수요는 가구 변화에 따른 가구요인 수요, 소득변화에 따른 소득요인 수요, 멸실주택에 대한 대체수요인 멸실요인 수요로 구성된다. 가구요인 수요는 가구 증가 및 구조변화를 반영할 수 있도록 개발된 주택 수요 전망모형과 통계청 가구추계 결과를 이용해 전망한다. 소득요인 수요는 소득증가율에 따른 시뮬레이션 결과를 반영해 전망하고 멸실수요 요인은 과거 멸실 주택 수 추이와 경제성장률과 멸실 주택 수와의 상관관계를 고려한 시뮬레이션 결과를 바탕으로 전망한다.

제2차 장기('13년~'22년)
주택종합계획

신규주택 수요 전망

◎ 주택수요는 가구변화에 따른 가구요인 수요, 소득변화에 따른 소득요인 수요, 멸실 주택에 대한 대체수요인 멸실요인 수요로 구성

▶ 가구요인 수요는 가구 증가 및 구조변화를 반영할 수 있도록 2012년도 주거실태조사를 기반으로 개발된 주택수요 전망모형과 통계청 가구추계 결과를 이용하여 전망
▶ 소득요인 수요는 2012년도 주거실태조사를 이용하여 추정된 주택수요에 대한 소득탄력성에 향후 소득증가율에 대한 시뮬레이션 결과를 반영하여 전망
▶ 멸실요인 수요는 과거 멸실 주택수 추이와 경제성장률과 멸실 주택수와의 상관관계 등을 고려한 시뮬레이션 결과를 바탕으로 전망

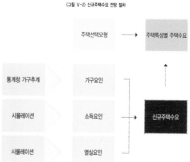

(그림 Ⅴ-2) 신규주택수요 전망 절차

제2차 장기주택종합계획에서는 권역별 신규주택 수요를 2022년까지 전국은 연평균 390,100호, 수도권은 217,200호, 비수도권은 172,900호로 전망하고 있다. 아울러 총 주택 수요에서 단독주택 수요가 차지하는 비중은 2013년 10.1%에서 2022년에는 13.9%로 확대될 것으로 보고 있다. 따라서 투자자의 관심사는 사실 공동주택이므로 평균비중을 88%로 예측하면 향후 2022년까지 매년 수도권은 191,136호, 비수도권은 152,152호의 공동주택 수요가 있

을 것으로 예상된다. 물론 권역별로 세부적인 수요 전망도 해놓았으나 약 15% 정도의 편차를 두고 있고 계산의 편의상 비수도권(충청권, 호남권, 대경권, 동남권, 강원권, 제주권)은 묶어서 일괄적으로 계산하기로 하겠다.

자료.68   권역별 신규주택 수요(2013-2022)

단위 : 천 호

지역	2013	2014	2015	2016	2017	2018	2019	2020	2010	2022	평균
전국	399.3	399.5	395.9	394.1	388.4	384.5	381.9	385	384.6	387.9	390.1
수도권	219	220	218.9	219	216.6	215.8	215.3	215.3	215.1	216.8	217.2
충청권	52.6	52.2	51.7	51.3	50.5	49.8	48.9	50.5	50.1	50.3	50.8
호남권	29.1	29.4	28.9	28.8	28.4	2.9	27.7	28.3	28.2	28.6	28.5
대경권	32.7	32.5	32	31.6	30.9	30.1	29.7	30.1	30	30.3	31
동남권	49.3	48.7	47.6	46.7	45.4	44.5	44	44.3	44.3	44.8	46
강원권	12.9	13	12.9	12.9	12.8	12.7	12.6	13.1	13	13.2	12.9
제주권	3.8	3.8	3.8	3.8	3.8	3.8	3.8	3.8	3.8	3.8	3.8

제2차 장기주택종합계획에서 전망한 신규주택 수요는 수도권과 비수도권으로 크게 묶어놓았다. 서울, 인천, 경기를 포함한 수도권 그리고 지방의 광역시 등 각 지역의 수요량은 개별적으로 계산해야 한다. 해당 지역의 인구를 대입해서 지역별 공동주택 수요량을 산출하면 된다. 해당 지역 인구는, 매달 초 행정안전부에서 발표하는 주민등록인구통계를 참고하면 된다. 2017년 8월 30일 현

재 수도권(서울특별시, 인천광역시, 경기도)의 인구는 25,651,793명이며 비수도권은 26,093,155명이다.

제2차 장기주택종합계획에서 전망한 바와 같이 공동주택의 비중을 약 88%로 잡으면 필요한 주택 수는 수도권을 기준으로 2022년까지 매년 191,136호다. 따라서 수도권 인구 25,651,793명에 필요한 주택 수이므로 191,136호 나누기 수도권 인구 25,651,793명을 계산해 백분율로 환산하면 0.74%다. 즉 수도권은 인구 대비 0.74%에 해당하는 공동주택이 필요하다는 계산이 나온다. 비수도권의 경우도 같은 방식으로 계산하면 152,152호 나누기 26,093,155명으로, 백분율로 0.58%가 나온다.

정리하면 A라는 수도권의 도시에 필요한 공동주택 수요를 계산하고자 한다면 인구수에 0.74%를 곱하면 되고 비수도권에 있는 B라는 도시는 해당 도시의 인구수에 0.58%를 곱하면 필요한 공동주택 수요량이 나온다. 인구가 아닌 세대수로 계산해도 비슷한 수치가 나오는 것을 확인할 수 있다. 따라서 인구로 계산하든 세대수로 계산하든 대동소이하다. 물론 이러한 공식으로 도출된 수요량을 맹목적으로 믿을 필요는 없다. 편차가 약 15%에 이르고 공동주택 이외의 주택도 일정 부분 공급이 되고 있기 때문이다. 다만 해당 지역에 공급될 물량을 근거로 인구 대비 과부족을 판단할 수 있는 유용성이 있으므로 해당 지역에 투자를 검토할 때 참고 자료로서의 가치는 충분히 있다.

자료.69

월간 주민등록인구 및 세대현황

2017.8.30. 기준

지역	총인구수	세대수	세대당 인구	남자 인구수	여자 인구수	남여 비율
전국	51,744,948	21,482,219	2.41	25,844,117	25,900,831	1.00
서울특별시	9,908,612	4,213,667	2.35	4,859,039	5,049,573	0.96
부산광역시	3,484,836	1,462,269	2.38	1,717,283	1,767,553	0.97
대구광역시	2,481,489	1,001,312	2.48	1,231,358	1,250,131	0.98
인천광역시	2,947,803	1,181,162	2.50	1,479,560	1,468,243	1.01
광주광역시	1,466,415	589,706	2.49	726,563	739,852	0.98
대전광역시	1,507,597	611,746	2.46	753,555	754,042	1.00
울산광역시	1,166,942	456,655	2.56	600,568	566,374	1.06
세종특별자치시	266,075	103,442	2.57	132,913	133,162	1.00
경기도	12,795,378	5,067,741	2.52	6,436,130	6,359,248	1.01
강원도	1,547,387	695,886	2.22	779,242	768,145	1.01
충청북도	1,592,817	687,053	2.32	804,225	788,592	1.02
충청남도	2,109,230	914,926	2.31	1,072,094	1,037,136	1.03
전라북도	1,856,921	794,540	2.34	923,537	933,384	0.99
전라남도	1,897,681	846,841	2.24	948,948	948,733	1.00
경상북도	2,690,974	1,185,638	2.27	1,352,630	1,338,344	1.01
경상남도	3,374,601	1,396,666	2.42	1,699,166	1,675,435	1.01
제주특별자치도	650,190	272,969	2.38	327,306	322,884	1.01

서울특별시

　서울은 매년 약 7만 3천 호의 수요가 있는 것으로 계산되고 있으나 2008년부터 약 2만~3만 7천 호밖에 공급하지 못하고 있다. 항상 공급이 부족한 지역이다. 최근의 주택 가격 상승이 이와 무관하지 않으며 8.2 대책에 대한 버티기 작전의 근거가 될 수 있다. 구별 향후 입주물량을 살펴보면 2018년에 송파구, 2019년은 강동구, 성북구가 평균에 비해 상대적으로 입주 예정물량이 많다.

자료.70　　　　　　　2010~2019년 서울특별시 입주 및 입주예정물량

	2010년	2011년	2012년	2013년	2014년	2015년	2016년	2017년	2018년	2019년
서울특별시	35,767	36,577	19,474	23,228	37,096	21,339	25,887	26,555	34,345	36,903
구로구	418	4,574	14	709	2,033	189			890	419
강서구	407	54	244	808	9,265	659	1,882	1,368		499
노원구	124		26		283		1,389	326		859
서초구	2,185	1,705	1,233	5,289	2,977	1,943	2,892	1,067	3,728	593
광진구		177	471	200	48	71		461	854	
서대문구			166	3,488		88	5,269	2,206	682	2,363	1,544
은평구	8,508	4,966	806	976	537	1,309	103	1,302	2,779	2,344
동작구	1,328	1,629	3,427	2,014	138		1,304		3,179	
중랑구	1,938	42	546	2,393	1,402	291	264	769		114
마포구	3,611	1,599	762	261	5,965	2,197	971	905	1,436	2,539
강남구	728	3,291	1,251	2,289	6,728	3,494	997	353	1,266	3,277
중구	747	2,226	279		295		296	1,341	199	176
강동구	1,004	3,564	31	39		285	482	5,411		10,896
용산구	778	1,509	128	837		692	68	356	309	478
동대문구	3,116	914	119	2,825	2,708	311	202	167	2,357	1,702
종로구		16				167		1,980		195
성동구	86	781	4,782		1,761	1,702	5,933	1,401	2,970	
송파구	67	2,065	794	3,237		949	2,374	2,809	9,968	966
영등포구	602	18		317	855	1,196	247	3,141	275	612
성북구	5,939	999	430	632	490	349	629	1,774		6,343
도봉구	98			293	28		134		126	
양천구	576	3,100	491		990	266	1,695		410	356
금천구	246	1,764	64				1,743	292	1,236	432
관악구	290	48	88		505		76			1,531
강북구	2,971	1,370		109			650			1,028

출처 : 부동산114(2017.8.30기준, 이하 타시도 동일)

1990~2019년 서울특별시 입주 및 입주예정물량

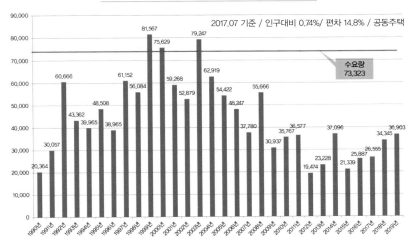

2017.07 기준 / 인구대비 0.74%/ 편차 14.8% / 공동주택

수요량
73,323

2017~2019년 서울특별시 구별 입주예정물량

■ 2017년　■ 2018년　■ 2019년

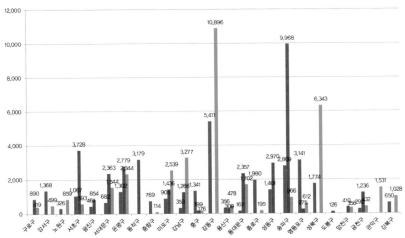

부산광역시

부산은 매년 약 2만 호의 수요가 있는 것으로 계산되는데 2007년부터 2012년까지 공급량이 수요를 충족시키지 못했음을 알 수 있다. 지난 5~6년간의 부산의 주택 가격이 상승한 이유는 공급물량의 부족도 한몫한다. 이러한 시장 상황을 반영하듯이 분양물량의 증가로 2017년부터는 적정 수준 이상의 공급이 이뤄지고 있다. 구별 향후 입주 예정물량은 남구, 동래구, 강서구가 평균 대비 물량이 많다.

자료.73   2010~2019년 부산광역시 입주 및 입주예정물량

	2010년	2011년	2012년	2013년	2014년	2015년	2016년	2017년	2018년	2019년
부산광역시	14,402	13,001	15,412	20,907	22,720	21,395	14,583	19,688	22,883	24,484
연제구	2,076	364	92	588	220	2,550	818	1,527	2,410	2,576
강서구		961	1,041	2,367	6,770	3,107	5,346	1,707	3,729	3,533
부산진구	489	2,997	726	1,180	1,205	466	1,088	2,107	1,280	1,954
동래구	2,165	675	100	1,728	141	2,966	1,395	1,299	2,467	5,473
서구	239			834	1,074	237	266	242	1,840	
북구		216	5,239		2,208	5,174		203	346	1,908
중구				80	33	123		98	98	
금정구	3,077	78	2,219	803	782	504	693	2,376	490	
기장군	2,385	2,685	3,478	6,440	2,606	2,158	1,329	3,326	668	
해운대구	1,590	4,181	598	1,715	2,174	2,800	24	1,171	1,343	2,992
남구	90			3,088		684	39	238	7,053	1,708
수영구	44		428	195	2,542	262	631	1,933	73	1,765
영도구					26	397		381	123	
사상구	1,852			868	1,275		108	839		498
동구	305	270	18	68		36	49	691	422	1,771
사하구	90	574	1,393	1,000	1,574	54	2,699	1,550	639	306

3시간 공부하고 30년 써먹는
부동산 시장 분석 기법

1990~2019년 부산광역시 입주 및 입주예정물량

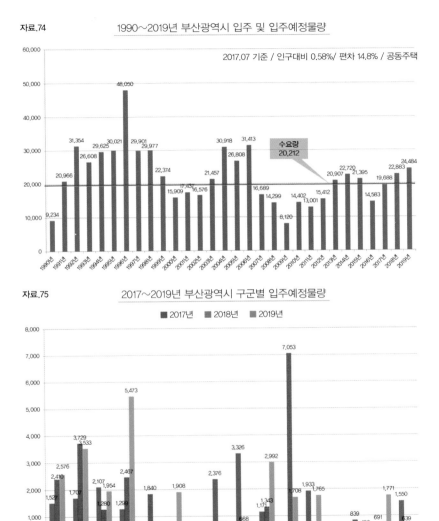

2017.07 기준 / 인구대비 0.58%/ 편차 14.8% / 공동주택

수요량 20,212

2017~2019년 부산광역시 구군별 입주예정물량

■ 2017년　■ 2018년　■ 2019년

인천광역시

　인천은 매년 약 2만 2천 호의 수요가 있다. 2013년부터 2017년까지는 공급이 부족하고 이후에는 입주물량이 적정 수준에 이르고 있음을 알 수 있다. 2014년부터의 가격 상승을 뒷받침해주고 있는 모양새다. 구군별 향후 입주예정물량은 서구, 연수구, 남동구에 집중돼있으며 부평구, 계양구, 남구, 강화군, 동구는 상대적으로 적다. 송도 및 청라신도시의 분양물량이 인천시 입주물량의 많은 부분을 차지하고 있다.

자료.76　　　　　2010~2019년 인천광역시 입주 및 입주예정물량

	2010년	2011년	2012년	2013년	2014년	2015년	2016년	2017년	2018년	2019년
인천광역시	18,588	22,379	26,298	10,727	10,554	12,237	9,195	16,690	21,076	15,633
부평구	2,043	1,391	1,045	56	1,891	30	27			266
연수구	2,117	4,051	3,023	3,142	2,917	4,549	2,636	6,627	5,318	5,523
남동구	6,061	4,928	2,712	1,122	5,204	6,415	1,748	3,923	1,948	2,609
서구	5,714	10,137	9,718	3,801	70	1,243	269	5,276	8,556	1,534
중구			9,403	1,002					2,601	5,515
계양구	182	534		1,586				724		
남구	1,298	1,162	397	18	294		4,515	140	2,653	186
강화군		176								
동구	1,173				178					

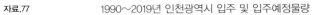

자료.77   1990~2019년 인천광역시 입주 및 입주예정물량

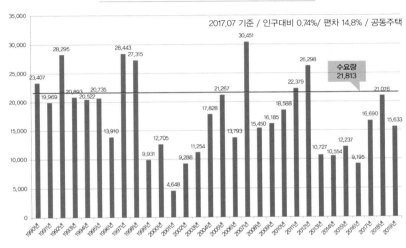

자료.78   2017~2019년 인천광역시 구군별 입주예정물량

경기도

경기도는 매년 약 9만 4천 호의 수요가 있다. 2011년부터 2016년까지 공급물량이 부족하다가 2017년부터는 수요에 비해 공급량이 월등한 것으로 나타난다. 입주물량도 상당한데 경기도는 행정구역 범위가 넓은 관계로 지역별 편차가 심하다. 시군별 향후 입주예정물량은 동탄의 영향을 받는 화성시가 압도적으로 많고 용인시, 김포시, 시흥시, 평택시가 평균 대비 상대적으로 많다. 지역적으로 편중됨을 알 수 있다.

자료.79

2010~2019년 경기도 입주 및 입주예정물량

	2010년	2011년	2012년	2013년	2014년	2015년	2016년	2017년	2018년	2019년
경기도	115,166	64,223	62,762	49,425	53,748	70,233	87,591	127,127	163,366	115,987
양평군	1,788	37	235				630		487	49
광주시	1,920	1,601	198				2,681	5,143	5,538	2,373
여주시			52		899		69			388
연천군					112	91				
평택시	2,999	3,667	4,251	2,201	1,653	4,424	6,507	7,706	8,973	15,341
안산시	1,987	51	435	482		714	1,569		6,759	4,589
고양시	10,071	3,382	4,416	9,725	4,165	5,580	4,538	1,935	6,033	10,930
성남시	3,895	4,400	3,641	1,895	1,722	4,513	4,431	4,852	503	768
이천시	2,186	347	87	168	214	454	1,116	1,171	1,186	346
시흥시	516	708	419	769	1,221	3,481	4,175	10,830	13,797	11,068
동두천시	544	500	18		770				492	
광명시	10,156	2,471			45			1,515	2,435	
의왕시		1,535	2,422	1,170					536	5,742
가평군	352	9	431		237			243		
안성시	2,967						2,860	963	5,804	976
포천시	360							959		
부천시	1,406	4,433	1,613	28	1,639	635	4,400	5,300	1,325	609
오산시	8,351	3,336		2,343	83			5,029	4,080	3,668
양주시	4,663	521			3,246		1,862	4,428	3,147	1,566
화성시	2,639	649	1,175	231	4,036	20,819	13,281	23,711	31,327	17,042
하남시	453				3,229	7,538	15,505	6,217	9,204	3,623
구리시	299				370	407	4,922	2,321	2,229	
수원시	3,635	14,380	11,496	9,792	5,930	7,368	3,680	11,093	8,013	6,787
용인시	13,438	4,493	3,513	6,724	2,114	1,445	2,795	6,793	15,676	12,737
파주시	12,027	8,003	4,247	823	5,091	1,006		4,418	6,613	
과천시									543	
군포시	5,302		489		2,315	53			1,647	1,476
안양시	1,910	1,488	2,723	48	231	739	5,727	567	200	1,796
남양주시	11,595	278	7,058	4,047	6,910	9,145		3,938	8,248	10,853
김포시	9,688	7,934	12,057	7,224	7,313	820	3,844	11,495	14,197	540
의정부시	19		1,786	1,755	203	1,001	2,999	6,013	4,812	2,769

3시간 공부하고 30년 써먹는
부동산 시장 분석 기법

1990~2019년 경기도 입주 및 입주예정물량

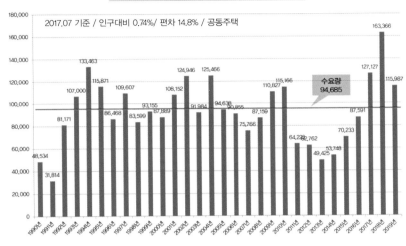

2017.07 기준 / 인구대비 0.74% / 편차 14.8% / 공동주택

2017~2019년 경기도 시군별 입주예정물량

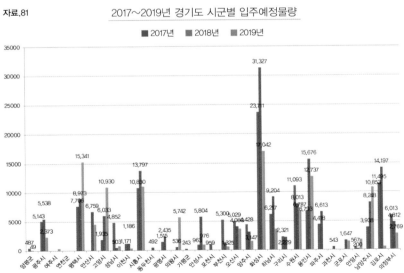

■ 2017년　■ 2018년　■ 2019년

대구광역시

대구는 매년 약 1만 4천 호의 수요가 있는 것으로 계산되고 있으나 2011년부터 2014년까지 입주물량이 부족했다. 이에 비해 2016년에는 수요량의 2배에 가까운 물량이 쏟아졌는데 달성군 테크노폴리스의 영향이며 2017년도 역시 적정수요량에 비해 많은 물량이다. 이러한 이유로 타 지역과 달리 입주예정물량은 적다. 구군별 향후 입주물량은 달성군이 압도적이며 북구가 뒤따르고 있다. 서구, 남구, 중구, 수성구의 경우는 입주예정물량이 적다.

자료.82 　　　　　　 2010~2019년 대구광역시 입주 및 입주예정물량

	2010년	2011년	2012년	2013년	2014년	2015년	2016년	2017년	2018년	2019년
대구광역시	13,563	7,276	4,529	9,919	9,327	15,046	26,771	22,679	13,641	6,319
수성구	1,300	108	262	2,414	331	1,885	1,227	200	1,777	2,177
달서구	4,112	810	359	2,648	932	1,955	3,285		2,061	1,124
달성군	757	1,746	1,141		637	6,217	14,800	11,707	3,514	
서구	1,281	1,819					27	84		
북구	1,824	788	1,250	1,254	3,074	1,434	3,497	6,434	1,371	2,193
중구				730	1,445	1,557		1,005	882	
남구	471		337			66	47	268	314	825
동구	3,818	2,005	1,180	2,873	2,908	1,932	3,888	2,981	3,722	

1990~2019년 대구광역시 입주 및 입주예정물량

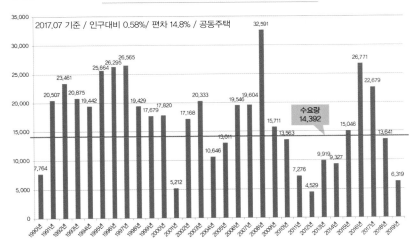

2017.07 기준 / 인구대비 0.58%/ 편차 14.8% / 공동주택

수요량 14,392

2017~2019년 대구광역시 시군별 입주예정물량

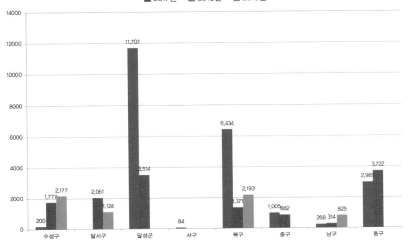

■ 2017년 ■ 2018년 ■ 2019년

대전광역시

대전은 매년 약 9천 호의 수요가 있는 것으로 계산되고 있으나 2008년과 2009년에는 입주물량이 매우 부족했다. 이러한 이유로 2009년부터 2011년까지 부동산 시장이 활성화됐다. 그런데 2012년부터 입주물량이 적정 수준에 비해 부족함에도 불구하고 세종시 입주물량에 영향을 받아 시장이 활성화되지 못했다. 동일한 생활권역은 입주물량이 서로에게 영향을 준다. 구별 향후 입주물량은 대전 전 지역이 적정수요에 미치지 못함을 알 수 있다.

자료.85   2010~2019년 대전광역시 입주 및 입주예정물량

	2010년	2011년	2012년	2013년	2014년	2015년	2016년	2017년	2018년	2019년
대전광역시	10,378	11,853	5,416	3,761	10,625	3,954	6,574	6,508	6,260	2,955
유성구	6,753	5,340	1,223	174	6,335	3,938	3,109	3,328	1,161	662
서구	1,363	1,021	819	1,053	4,192		3,038	1,995	1,255	2,056
중구	936	804	894	1,574				392	298	237
동구	1,326	3,900		960		16	408		3,546	
대덕구		788	2,480		98		19	793		

3시간 공부하고 30년 써먹는
부동산 시장 분석 기법

1990~2019년 대전광역시 입주 및 입주예정물량

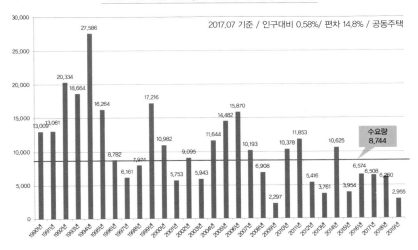

2017.07 기준 / 인구대비 0.58%/ 편차 14.8% / 공동주택

수요량 8,744

2017~2019년 대전광역시 구별 입주예정물량

■ 2017년 ■ 2018년 ■ 2019년

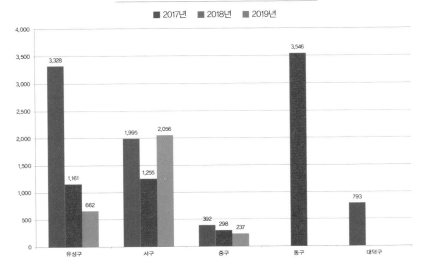

광주광역시

광주는 매년 약 8,500호의 수요가 있는 것으로 계산되고 있으나 2012년과 2015년은 입주물량이 부족했으며 2018년도 적정수요에 미치지 못하고 있다. 그러나 그 이외에는 적정수요를 약간 상회하는 수준의 공급이 이어지고 있다. 타 지역의 경우 공급이 계단식으로 늘어나거나 줄어드는 데 비해서 연도별로 들쑥날쑥한 공급패턴을 보여 흥미롭다. 구별 향후 입주예정물량은 북구와 동구가 많고 광산구, 서구, 남구는 상대적으로 적다.

자료.88 2010~2019년 광주광역시 입주 및 입주예정물량

	2010년	2011년	2012년	2013년	2014년	2015년	2016년	2017년	2018년	2019년
광주광역시	8,552	9,437	3,360	7,345	9,411	5,752	10,769	11,829	5,961	11,187
서구	2,509	471		519	188		4,838	1,018	602	1,060
북구	594	1,908	546	2,930	2,877	1,280	1,186	5,085	2,003	1,418
남구	1,225	2,244	344	258	4,067	1,735	1,769	1,493	301	3,301
광산구	3,849	4,020	2,382	3,638	2,162	2,083	2,148	2,377	1,717	2,182
동구	375	794	88		117	654	828	1,856	1,338	3,226

3시간 공부하고 30년 써먹는
부동산 시장 분석 기법

자료.89

1990~2019년 광주광역시 입주 및 입주예정물량

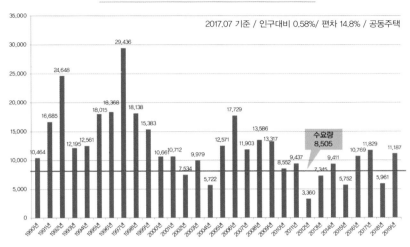

2017.07 기준 / 인구대비 0.58%/ 편차 14.8% / 공동주택

수요량 8,505

자료.90

2017~2019년 광주광역시 구별 입주예정물량

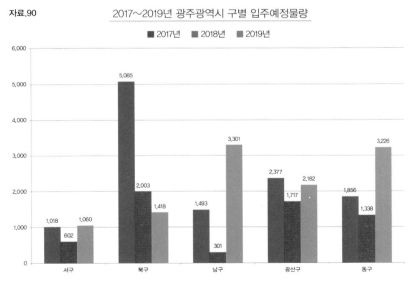

■ 2017년　■ 2018년　■ 2019년

울산광역시

울산은 매년 약 6,800호의 수요가 있는 것으로 계산되고 있으나 2011년부터 2013년 그리고 2016년은 입주물량이 부족했다. 하지만 2017년부터 입주예정물량이 적정수요량을 상회하고 있다. 이렇게 입주예정물량이 지속적으로 많다는 것은 투자자의 진입을 어렵게 하는 중요한 요소로 작용한다. 구군별 향후 입주예정물량은 북구에 집중돼있으며 동구는 입주예정물량이 전혀 없고 중구와 남구, 울주군은 상대적으로 적다.

자료.91 2010~2019년 울산광역시 입주 및 입주예정물량

	2010년	2011년	2012년	2013년	2014년	2015년	2016년	2017년	2018년	2019년
울산광역시	10,947	2,772	3,744	6,482	9,075	9,461	3,141	9,892	8,590	9,271
북구	5,038			527	1,225	1,270	2,285	5,892	3,429	5,333
중구	3,262		45	1,699	4,167	2,637	35	902	509	219
남구	1,327	1,427	1,280	2,359	470	787	803	1,266	2,634	1,202
울주군	1,320		405	422	2,490	2,870	18	1,832	2,018	2,517
동구		1,345	2,014	1,475	723	1,897				

3시간 공부하고 30년 써먹는
부동산 시장 분석 기법

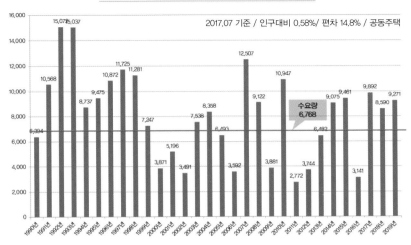

자료.92

1990~2019년 울산광역시 입주 및 입주예정물량

2017.07 기준 / 인구대비 0.58%/ 편차 14.8% / 공동주택

수요량 6,768

자료.93

2017~2019년 울산광역시 구군별 입주예정물량

■ 2017년 ■ 2018년 ■ 2019년

세종특별자치시

세종특별자치시는 타 지역과 달리 현재 지속적으로 인구유입이 되고 있으며 아직 인구가 안정화되지 않은 지역이다. 대규모로 조성 중인 신도시의 경우 인구유입이 완료되기 전까지는 인구를 활용한 수요량의 추정은 신뢰도가 매우 떨어진다. 따라서 최근 입주물량과 입주예정물량의 규모 정도만 참고하도록 하자. 동, 읍, 면별 향후 입주예정물량은 새롬동, 다정동, 보람동, 반곡동, 대평동 등 행정중심복합도시 지역에 집중돼있다.

자료.94　　2010~2019년 세종특별자치시 입주 및 입주예정물량

	2010년	2011년	2012년	2013년	2014년	2015년	2016년	2017년	2018년	2019년
세종시		2,242	4,278	3,438	14,987	17,381	7,653	15,479	14,002	10,961
소정면										
반곡동									362	4,391
금남면										
대평동								366	2,558	1,438
조치원읍				983		58	69	47		
전의면										
고운동					729	7,902	607		1,222	1,343
다정동									7,004	2,528
도담동					4,928	2,805		580		
보람동							1,429	3,559	674	1,261
부강면										
새롬동								8,645	1,292	
소담동							3,554	2,282	890	
아름동				622	4,576	2,809				
어진동				1,137						
연동면										
연서면										
장군면										
종촌동				696	4,754	3,807	1,994			
한솔동		2,242	4,278							

3시간 공부하고 30년 써먹는
부동산 시장 분석 기법

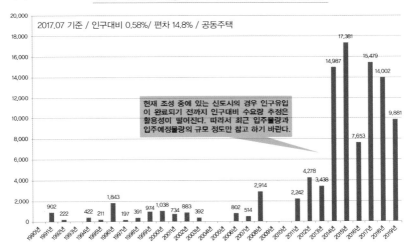

자료.95   1990~2019년 세종특별자치시 입주 및 입주예정물량

2017.07 기준 / 인구대비 0.58% / 편차 14.8% / 공동주택

현재 조성 중에 있는 신도시의 경우 인구유입이 완료되기 전까지 인구대비 수요량 추정은 활용성이 떨어진다. 따라서 최근 입주물량과 입주예정물량의 규모 정도만 참고 하기 바란다.

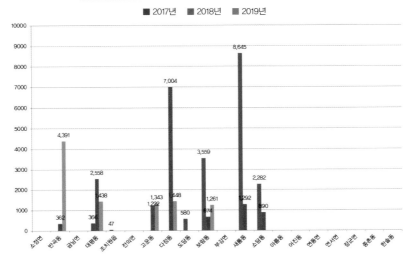

자료.96   2017~2019년 세종특별자치시 동, 읍, 면별 입주예정물량

■ 2017년   ■ 2018년   ■ 2019년

강원도

강원도는 매년 인구 대비 약 9천 호의 수요가 있는 것으로 계산되고 있으나 2011년부터 2017년까지는 입주물량이 부족했다. 그러나 2018년부터는 입주예정물량이 적정수준을 초과하고 있다. 인구 대비 행정구역이 넓어 인구밀도가 낮은 지역임을 고려한다면 시군별 입주물량을 체크하는 것이 좋은 방법이다. 시군별 향후 입주예정물량은 원주시가 압도적으로 많고 다음으로 춘천, 강릉 순이다. 그 외 인구집중도가 낮은 시군은 경제성이 없기에 공급도 없다.

자료.97 2010~2019년 강원도 입주 및 입주예정물량

	2010년	2011년	2012년	2013년	2014년	2015년	2016년	2017년	2018년	2019년
강원도	4,505	2,313	4,238	3,580	9,004	6,075	8,738	5,959	16,410	15,960
원주시	3,603		1,523		3,386	3,482	4,097	2,652	6,502	7,844
평창군		198				44			600	
화천군								145		
양양군							170		524	190
정선군		347	139	265	120			299		
태백시		222		397	455		262			
동해시	268			1,758		298	203	299	1,111	503
속초시		251	661	99			875	729	961	1,498
인제군										
고성군										
삼척시				340	474	326	60	1,110	723	
춘천시	634	470	1,271	463	3,669	1,363	345	482	1,771	4,735
양구군			251							
횡성군		361		258				348	523	
강릉시		130	306		820	391	1,986	194	3,396	1,190
영월군		334			80		136			
홍천군			87				604			
철원군						171				

3시간 공부하고 30년 써먹는
부동산 시장 분석 기법

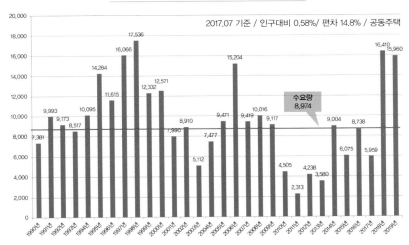

1990~2019년 강원도 입주 및 입주예정물량

2017.07 기준 / 인구대비 0.58%/ 편차 14.8% / 공동주택

수요량 8,974

2017~2019년 강원도 동, 읍, 면별 입주예정물량

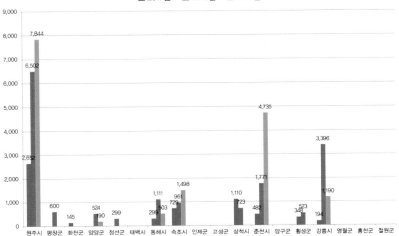

■ 2017년　■ 2018년　■ 2019년

충청북도

충청북도는 매년 인구 대비 약 9,200호 정도의 수요가 있는 것으로 계산된다. 2009년과 2011년부터 2013년까지 입주물량이 부족했으나 2015년부터는 공급이 수요를 초과하고 있다. 시군별 향후 입주예정물량은 청주시가 매우 많음을 알 수 있다. 2018년과 2019년 합해서 2만 호가 넘게 공급된다. 충주시가 그 뒤를 잇고 있고 인구밀도와 활력도가 낮은 나머지 지역은 마찬가지로 경제성이 없기에 공급도 거의 없다.

자료.100

2010~2019년 충청북도 입주 및 입주예정물량

	2010년	2011년	2012년	2013년	2014년	2015년	2016년	2017년	2018년	2019년
충청북도	11,799	4,021	1,289	6,159	9,476	10,821	10,114	12,094	23,038	12,588
영동군			90			270	56			
보은군							88		492	
단양군									298	
제천시	800	498				690	892	2,497	1,624	492
음성군	566	1,236	359		2,660	1,278		1,258	1,164	
진천군	443	632		1,265		1,680	1,585	2,013	4,076	
옥천군								280	446	
충주시		36			1,176	344	2,206	4,908	1,522	3,354
증평군	514	504			372	989	640			702
괴산군								156		
청주시	9,476	1,115	840	4,894	5,268	5,570	4,647	982	13,416	8,040

3시간 공부하고 30년 써먹는
부동산 시장 분석 기법

1990~2019년 충청북도 입주 및 입주예정물량

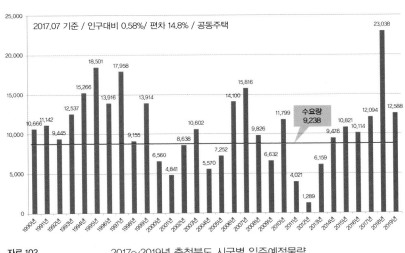

2017.07 기준 / 인구대비 0.58%/ 편차 14.8% / 공동주택

수요량 9,238

2017~2019년 충청북도 시군별 입주예정물량

■ 2017년 ■ 2018년 ■ 2019년

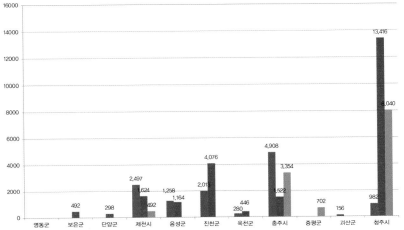

충청남도

충청남도는 매년 인구 대비 약 1만 2천 호 정도의 수요가 있는 것으로 계산된다. 2011년부터 2015년까지 공급이 부족했으며 2016년부터 2018년까지 공급물량이 대폭 늘어난다. 이에 따라서 공급자는 초과공급을 경계하고 2019년은 공급이 급감한다. 시군별 향후 입주예정물량은 천안시와 아산시가 압도적으로 많고 서산시와 당진시가 뒤를 잇는다. 그 외 지역은 평균대비 물량이 적다. 개발호재가 없는 지역은 당연히 공급도 거의 없다.

자료.103

2010~2019년 충청남도 입주 및 입주예정물량

	2010년	2011년	2012년	2013년	2014년	2015년	2016년	2017년	2018년	2019년
충청남도	13,640	9,801	5,938	5,588	9,875	12,422	22,490	25,138	23,769	2,870
금산군						563	48			
보령시				457		294		1,388		480
천안시	5,796	4,329		1,400	2,228	4,937	8,204	9,074	10,892	416
계룡시			304				938			
논산시			210		1,547	856	437	176	460	770
서천군	769				70	72				
서산시		604	1,097	1,164		1,131	808	2,608	5,365	337
청양군										
공주시	622							1,686	1,955	
예산군	656					174		1,528		
홍성군		659	885	521	1,885	2,127	4,428	394		
태안군	531				430	80		60	409	498
부여군							396		1,027	
아산시	2,142	2,940	2,156	858	3,715	2,188	3,535	7,480	1,206	369
당진시	3,124	1,269	1,286	1,188			3,696	744	2,455	

자료.104

1990~2019년 충청남도 입주 및 입주예정물량

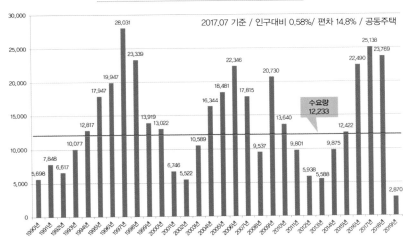

2017.07 기준 / 인구대비 0.58%/ 편차 14.8% / 공동주택

수요량 12,233

자료.105

2017~2019년 충청남도 시군별 입주예정물량

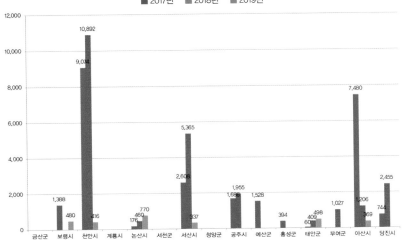

■ 2017년　■ 2018년　■ 2019년

전라북도

전라북도는 매년 인구 대비 약 1만 1천 호 정도의 수요가 있는 것으로 계산된다. 2003년부터 2017년까지 공급이 많지는 않았다. 전반적으로 지역의 경제활력도 때문이라 판단된다. 수요가 있는 곳에 공급이 있다는 진리를 생각해보면 쉽게 이해가 가는 대목이다. 시군별 향후 입주예정물량은 전주가 압도적으로 많은데 전주혁신도시의 개발은 지역발전에 견인차가 되고 있다. 뒤이어 군산시가 입주물량이 있으나 그 외에는 거의 전멸 수준이다.

자료.106

2010~2019년 전라북도 입주 및 입주예정물량

	2010년	2011년	2012년	2013년	2014년	2015년	2016년	2017년	2018년	2019년
전라북도	5,454	6,343	7,341	5,599	10,591	10,845	7,992	6,193	13,250	8,412
무주군					36		180			
정읍시				130	849		170	1,258		
남원시	319	996			432	338	564			
익산시	1,308	1,691	3,877		2,119	2,024	63	612	226	425
전주시	2,437	542	869	4,702	3,698	2,394	3,893	1,908	9,243	7,254
완주군			933	656	1,214	1,848	400	645		287
고창군				34				98		
부안군				29		554				198
순창군								165		
진안군										
김제시	349	533		48	153	436	828	18		248
임실군							81		230	
군산시	1,041	2,581	1,662		2,090	3,251	1,813	1,489	3,551	

3시간 공부하고 30년 써먹는
부동산 시장 분석 기법

자료.107

1990~2019년 전라북도 입주 및 입주예정물량

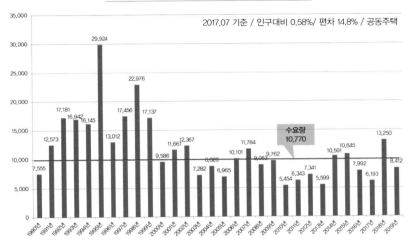

2017.07 기준 / 인구대비 0.58%/ 편차 14.8% / 공동주택

수요량
10,770

자료.108

2017~2019년 전라북도 시군별 입주예정물량

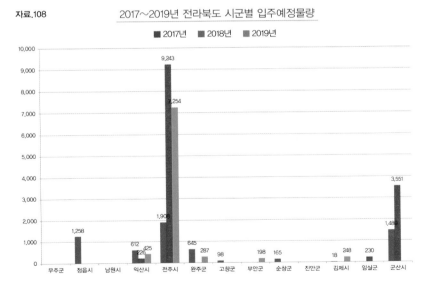

■ 2017년　■ 2018년　■ 2019년

전라남도

전라남도는 매년 인구 대비 약 1만 1천 호 정도의 수요가 있는 것으로 계산된다. 2003년부터 2012년까지 공급물량이 부족했다. 2013년을 기점으로 공급이 적정수준을 상회하다가 2017년부터 입주예정물량이 급감하고 있다. 나주 혁신도시가 개발되고 있지만, 광주광역시로의 인구 이동과 경제력 집중이 원인으로 판단된다. 시군별 향후 입주예정물량은 나주시와 순천시, 여수시가 평균 대비 많고 나머지 지역은 물량이 거의 없다.

자료.109 　　　　2010~2019년 전라남도 입주 및 입주예정물량

	2010년	2011년	2012년	2013년	2014년	2015년	2016년	2017년	2018년	2019년
전라남도	5,343	4,883	4,359	11,063	14,425	11,652	11,988	8,261	7,729	6,803
강진군				196						
장흥군			318					254	374	
완도군							159			
여수시	1,859	1,187		2,056	3,886	2,084		1,451	552	2,067
해남군			102		304	263	60			996
장성군	456			210						
담양군							580			
진도군			71			35	43	47		
무안군	385	661	80	2,124	935		72		140	
목포시	518		174	2,002	2,022	1,599	1,912	883	795	606
영광군	531				32		46	61	256	
함평군				40	76				150	
영암군		462		495			273	127		1,360
화순군						570	406			
곡성군	86									
고흥군				150				154	105	
광양시	937	1,256	1,300	2,094	1,645		1,498	616	420	
나주시			184		2,255	3,907	5,140	2,011	3,080	
구례군										
보성군					368		167			
순천시	571	1,317	2,130	1,696	2,902	3,194	1,632	2,541	1,857	1,774

3시간 공부하고 30년 써먹는
부동산 시장 분석 기법

자료.110

1990~2019년 전라남도 입주 및 입주예정물량

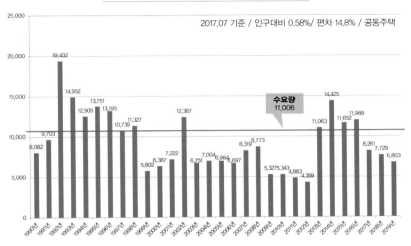

2017.07 기준 / 인구대비 0.58%/ 편차 14.8% / 공동주택

수요량 11,006

자료.111

2017~2019년 전라남도 시군별 입주예정물량

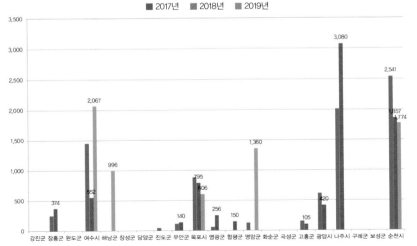

■ 2017년   ■ 2018년   ■ 2019년

경상북도

경상북도는 매년 인구 대비 약 1만 6천 호 정도의 수요가 있는 것으로 계산된다. 2011년부터 2014년까지 공급물량이 부족했다. 2015년과 2016년은 적정수요를 공급하다가 2017년부터 공급량이 수요에 비해서 초과되고 있다. 시군별 향후 입주예정물량은 포항시와 구미시, 경주시가 많다. 경북도청 신도시가 조성 중인 예천군과 김천시, 경산시를 제외하면 입주예정물량은 거의 없다. 반복하지만 수요가 없으니 공급도 없다.

자료.112   2010~2019년 경상북도 입주 및 입주예정물량

	2010년	2011년	2012년	2013년	2014년	2015년	2016년	2017년	2018년	2019년
경상북도	15,940	9,761	3,628	6,401	7,825	15,301	15,637	24,077	25,267	15,119
청송군										
영양군				200						
포항시	5,165	1,780	1,625	1,726	2,405	3,757	660	2,231	9,579	1,302
영덕군						250				
성주군										
구미시	3,403	4,161	248	550		2,956	5,099	7,657	2,826	5,252
경산시	1,982	884	1,395		784	986	2,139	2,999	2,498	1,619
예천군	38	62				489	798	3,726	865	1,499
의성군	408					201				
경주시	2,649	261		1,050	506	283	740	2,318	6,767	1,671
상주시	106	289		1,261		392	526	277	153	
영천시		603			1,471	471	108	1,147	596	773
영주시		530		426			1,841			
김천시		34	360	660	1,059	2,686	2,671	1,854	700	1,881
고령군		474								
안동시	1,406	622		414	1,112	1,347		796	1,025	240
청도군	354			114			19		258	
울진군										
칠곡군	429				38	1,139	835	973		728
봉화군		61					18			
군위군						296				
문경시					450	48	183	99		154

자료.113

1990∼2019년 경상북도 입주 및 입주예정물량

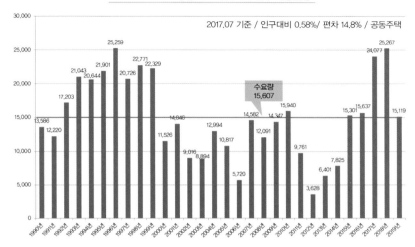

2017.07 기준 / 인구대비 0.58%/ 편차 14.8% / 공동주택

수요량 15,607

자료.114

2017∼2019년 경상북도 시군별 입주예정물량

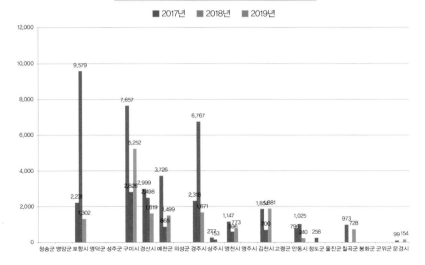

■ 2017년　■ 2018년　■ 2019년

경상남도

경상남도는 매년 인구 대비 약 2만 호 정도의 수요가 있는 것으로 계산된다. 2009년부터 2012년까지는 공급이 매우 부족하다가 2013년부터 2016년까지는 적정수준이 공급이 됐다. 하지만 2017년부터 많은 입주예정물량이 대기 중에 있다. 물론 행정구역이 넓어서 단편적인 잣대를 들이댈 수 없지만 지역별로 초과공급에 대한 대비가 필요하다. 시군별 향후 입주예정물량은 창원시가 압도적이고 김해시, 양산시, 진주시, 거제시가 뒤따르고 있다.

자료.115   2010~2019년 경상남도 입주 및 입주예정물량

	2010년	2011년	2012년	2013년	2014년	2015년	2016년	2017년	2018년	2019년
경상남도	13,233	7,162	6,524	19,812	23,660	20,899	21,027	38,565	40,146	31,439
밀양시				731	693	394	388		595	1,432
창원시	3,679	1,902		1,133	8,163	9,217	3,229	14,337	13,924	10,147
창녕군	443			116		100	677			391
남해군										
양산시	1,385	2,237	775	6,741	4,001	2,445	10,375	8,855	3,892	4,428
김해시	962	19	786	6,421	1,829	1,765	1,786	8,194	6,006	10,153
하동군		200							306	
함안군			901		530		190			132
합천군					43					
함양군	467				178					336
의령군									322	
통영시	2,377	84		673	742	344	1,032	1,338	1,570	
고성군		394		55			411			
거창군				455			388		677	
거제시	155	354	1,345	1,710	1,810	3,103	2,079	4,473	5,876	299
진주시	2,733	1,294	1,637	1,143	5,671	3,531	472	1,288	6,203	2,742
사천시	1,032	678	1,080	634				80	775	1,379
산청군										

3시간 공부하고 30년 써먹는
부동산 시장 분석 기법

자료.116

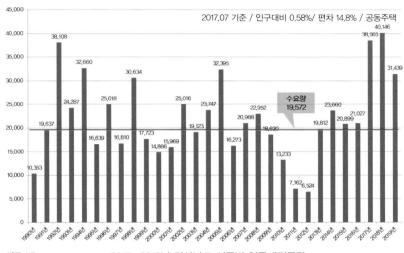

1990~2019년 경상남도 입주 및 입주예정물량

2017.07 기준 / 인구대비 0.58% / 편차 14.8% / 공동주택

수요량 19,572

자료.117

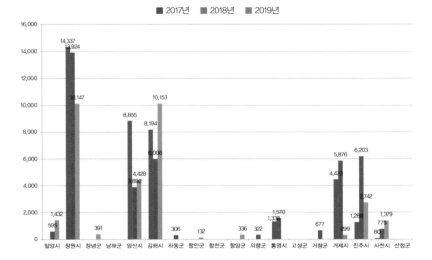

2017~2019년 경상남도 시군별 입주예정물량

■ 2017년 ■ 2018년 ■ 2019년

제주특별자치도

제주특별자치도는 그야말로 이름 그대로 특별하다. 지난 몇 년
간의 주택 가격 상승률을 수요와 공급으로 설명하기에는 설득력이
부족하다. 이유를 찾으려 한다면 투자이민제의 결과로 볼 수 있는
데 이러한 외국인의 투자는 정책의 변화에 따라서 변동률이 심하
다. 하지만 부동산 시장 가격변동의 한 가지 요인임은 분명하다.
투자이민제의 영향을 제외한다 하더라도 적정수요량을 넘어선 공
급은 2001년밖에 없었음을 알 수 있다.

자료.118 2010~2019년 제주특별자치도 입주 및 입주예정물량

	2010년	2011년	2012년	2013년	2014년	2015년	2016년	2017년	2018년	2019년
제주도	1,202	2,166	717	2,873	2,159	2,501	2,753	2,845	537	851
서귀포시	327	122	81	263	870	1,291	2,097	1,366		268
제주시	875	2,044	636	2,610	1,289	1,210	656	1,479	537	583

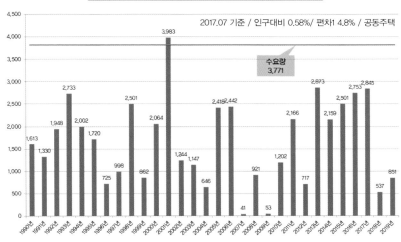

1990～2019년 제주특별자치도 입주 및 입주예정물량

2017.07 기준 / 인구대비 0.58%/ 편차1 4.8% / 공동주택

수요량 3,771

2017～2019년 제주특별자치도 시별 입주예정물량

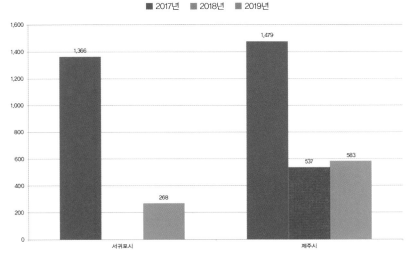

■ 2017년   ■ 2018년   ■ 2019년

집 지을 땅이 없다

지금까지 특별시와 광역시 그리고 도, 특별자치도, 특별자치시의 입주 및 입주예정물량을 살펴봤다. 대한민국 면적이 좁다는 말이 믿기지 않을 만큼 지역적으로 상당히 다른 입주물량의 패턴을 보인다. 하지만 어느 지역이든 공급이 몇 년간 많으면 다음 몇 년간은 공급이 적다. 당연히 시장은 '보이지 않는 손'에 의해 움직이므로 공급이 많으면 시장에서 소비자들에게 전부 소화될 때까지 공급이 줄어들었다가 다시 부족하면 공급자들이 움직여서 초과공급을 만들어낸다. 시장에 참여하는 공급자나 소비자는 모두 합리적인 경제행동을 하기 때문에 공급이 부족해 가격이 오르면 공급을 하는 사람들은 돈을 벌 수 있는 기회다 싶어서 과하게 공급을 하고 그러다 입주물량이 많아지면 가격이 하락하므로 공급이 급속도로 줄어든다. 여기에다 주택공급의 특성상 착공 후 준공까지 상당한 시간이 필요하기 때문에 항상 공급은 수요에 비해서 일정하지 못하고 어긋나기 마련이다.

그런데 어긋나는 일이 또 하나 있다. 주택을 건축하기 위해서는 주택을 지을 땅이 필요하다. 그러한 땅은 집 택(宅) 자와 땅 지(地) 자를 써서 택지라고 부른다. 택지를 조성하는 방법은 크게 두

가지인데 한 가지는 기존의 도심지에 오래돼 노후화된 건축물을 헐고 다시 짓는 이른바 재건축, 재개발을 통해서 택지를 공급하는 방식이 있고 다른 또 한 가지는 정부 등 공공기관에서 아직 개발되지 않은 논과 밭 또는 임야를 대규모로 개발해서 공급하는 방식이 있다. 재건축, 재개발 등과 같이 소위 정비사업으로 공급하는 경우에는 이해관계자가 많은 이유로 진행 속도가 더딘 것이 통상적이다. 사업성이 좋아서 빨리 진행이 돼도 10년이 걸리며 사업성이 없을 경우에는 아예 사업 자체가 좌초되는 일이 다반사다. 이에 비해서 대규모 공공택지개발은 중앙정부나 지방정부 및 공공기관(모두 합쳐서 공공이라 한다)에서 의지를 갖고 추진한다면 얼마든지 공급이 가능하다.

문제는 공공에서 의지를 갖고 택지를 공급하고자 하더라도 법률적이나 물리적으로 택지개발이 빨리 이뤄지기 힘들다는 데 있다. 공공택지의 개발을 위해서 지역을 물색하고 지구지정을 하고 개발계획을 수립해서 주택을 지을 수 있도록 토목공사를 하는 기간은 적어도 5~6년 이상 소요가 되고 택지개발이 완료된다 하더라도 주택건축으로 완성되기까지는 다시 2년 6개월 이상의 시간이 필요하다. 즉 공공택지를 개발해서 소비자에게 주택공급이 이뤄지기 위해서는 적어도 8년 이상의 시간이 필요하다는 이야기다.

자료 121은 1992년부터 2016년까지의 택지개발지구지정 실적과 택지개발 실적이다. 한눈에 보기에도 2011년부터는 택지지구지정이 전혀 이뤄지지 않고 있다. 정부와 언론에서는 2017년부터 2019년까지 주택공급 물량이 많다고 주장하는데 단편적으로는 맞는 말이다. 그런데 또 하나 사실은 2017년부터 2019년까지 공급되는 주택에 자리 잡고 있는 택지는 자료에서 보는 바와 같이 2004년부터 2010년에 조성해놓은 공공택지다. 그렇다면 이러한 공공택지를 모두 소비하고 나면 이후에는 어떤 현상이 벌어질까? 공공택지 개발이 빨리 진행이 돼도 5~6년이라는 시간이 필요하고 주택으로 건축돼 소비자에게 공급되려면 10년 가까운 시간이 필요한데 2011년부터는 택지지구지정이 전혀 이뤄지지 않고 있다. 앞으로 주택 지을 땅이 없다는 뜻이고 공급이 부족한 시기가 도래할 가능성이 매우 크다는 말이다. 정부에서는 더 이상 주택이 필요하지 않다는 생각을 갖고 있는 것일까? 아니면 도심 재건축과 재개발사업으로 충분한 택지공급이 이뤄진다고 생각하는 것일까? 몹시 궁금하다.

자료.121

택지개발지구지정 및 택지개발 실적

1992~2016년

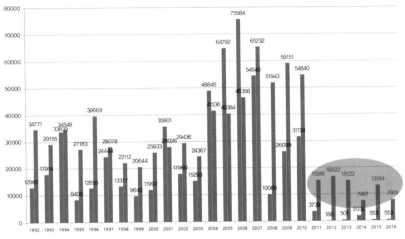

■ 택지개발지구지정 ■ 택지개발실적

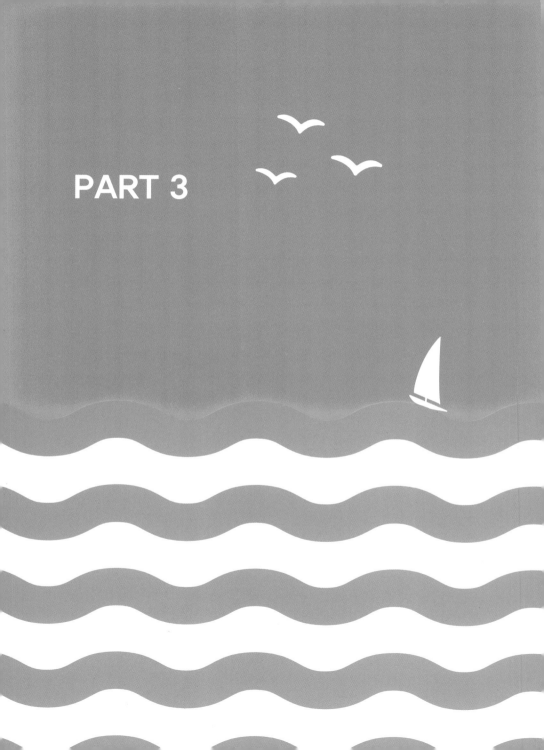

PART 3

파도를 타고
노를 젓는다

REAL ESTATE 330

정부는 부동산 시장을 이길 수 있을까?

투자 시장 격언 중 하나가 '정부는 시장을 이길 수 없다'는 것이다. '보이는 손'이 '보이지 않는 손'을 이길 수 없다는 뜻일 것이다. 그러나 필자의 생각은 조금 다르다. 장기적으로는 시장의 거대한 흐름이 정부 정책을 이기겠지만 정부의 정책은 단기적으로는 규제 완화나 부동산 경기 부양에 필요한 자금줄을 풀어줘서 부동산 가격을 올릴 수도 있고 반대로 규제를 강화해 시장의 거래를 위축시키고 가격을 떨어뜨릴 수도 있기 때문에 시장을 이길 수도 있다고 생각한다.

앞서 부동산 정책 파트에서 살펴본 바와 같이 2012년 말 수도권에 하우스푸어 문제로 30대 가장이 집값 하락과 이자 부담을 견디지 못해서 자신도 죽고 가족도 죽이려 한 사건이 언론에 오르내리고 전반적인 부동산 경기가 좋지 못하자 박근혜 정부는 부동산 가격을 상승시키기 위한 여러 가지 정책을 내놓았다. 부동산 시장에 박혀있는 대못을 뽑고 규제를 완화해 부동산 경기를 살리고자 노력했다. 대규모 신규택지개발을 중단하고 취득세 면제, 조건이 맞는 경우 양도소득세를 5년간 면제하는 정책을 펼쳤다. 참고로 정부에서 양도소득세를 면제해주는 경우는 인생에 몇 번 오지 않을 부동산 투자 절호의 기회라는 것을 알아두기 바란다. 아무튼 박근혜 정부의 규제 완화에도 불구하고 그 당시 부동산 시장이 워낙 얼어붙어 있어서 효과가 없자 최경환 부총리를 필두로 하는 새 경제팀을 투입했고 이로 인해 뚜렷한 시장의 변화가 나타났다. 아파트 청약제도, 주택담보대출, LTV, DTI, 재건축 연한규제 등을 완화하고 민간택지의 분양가상한제도 폐지시켰다. 이러한 강력한 규제 완화 조치는 결국 투자자를 시장에 불러들이게 되고 부동산 가격은 상승하게 됐다.

반대로 2002년은 부동산 시장이 과열돼 부동산 가격이 연일 치솟는 상황이 연출됐다. 김대중 정부 초기의 부동산 규제 완화 조치가 임기 말에는 부동산 가격의 상승을 초래했다. 김대중 정부의 부동산 시장 부양책은 박근혜 정부 정책과 거의 흡사하다. 결국 2002년 9월 강남 3구 등 서울 전역에 투기과열지구가 지정될 정도로 부동산 시장이 활황세를 보였고 이에 2003년 2월 새로이 취임한 노무현 대통령은 부동산 시장을 진정시키는 것에 모든 사활을 걸며 지속적인 부동산 규제정책을 쏟아냈다. 수도권에도 투기과열지구를 확대 지정했고 분양권 전매금지, 재건축 안전진단 기준 강화, 재건축 조합설립 인가 후 조합원 지위 양도금지, 종합부동산세 도입, 1가구 3주택자 양도세 60% 중과, 토지거래 허가구역의 확대 등 셀 수도 없을 만큼의 규제를 내놓자 시장은 2년 정도 조정기를 맞게 된다. 만약에 부동산 시장의 지속적 상승을 예상해 정부의 부동산 규제정책을 내놓기 전 활황 시기에 자신의 재정 능력 수준 이상으로 부동산 사 모으기에 열광했다면 조정기에 엄청난 손실로 이어졌을 것이다. 지금이야 과거의 데이터를 보면서 후에 다시 부동산 가격이 상승했다는 사실을 알기에 별 상관이 없어 보일 수도 있지만 당시의 다주택 투자자는 엄청난 자산 손실을 겪어야만 했다.

정부 정책을 만만하게 보고 해오던 관성대로 욕심을 부려 투자에 열을 올리는 행동은 곤란하다. 정부에서 규제를 완화하고 부동산 시장에 우호적인 상황에서는 공격적인 투자가 괜찮겠지만 정부에서 규제의 칼을 내리칠 때는 잠시 경계하고 자신의 재정 능력을 고려한 보수적인 투자가 필요하다. 언제나 시장이 옳고 정부를 이기지만 가끔은 정부가 이길 때도 있다. 즉, 장기적으로는 시장이 이기겠지만, 단기적으로는 정부가 이길 수도 있음을 명심해야 한다.

돈의 본질을 이해한 후 투자해야 한다

부동산 투자 공부를 하기 위해서는 언제 어디에 어떤 물건을 얼마나 저렴하게 사는지도 중요하지만 가장 먼저 공부해야 하는 것이 바로 돈이다. 과연 돈이란 무엇일까? 있으면 좋고 없으면 조금 불편한 것일까? 예로부터 우리의 선조들은 돈에 대해서 무관심하려 애썼다. '황금 보기를 돌같이 하라'는 말이나 상업에 종사하는 사람들을 장사치라는 표현으로 낮춰 깔보는 태도는 우리 선조들의 돈에 대한 인식을 보여주는 사례라 하겠다. 그런데 이러한 인식들은 현대에서도 완전히 없어지지 않았다. 하지만 돈이란 우리가 살아가는 데 있어 없어서는 안 되는 존재다.

투자는 돈의 본질을 이해하는 것에서부터 출발한다. 당신의 지갑 속에 들어있는 신사임당과 세종대왕은 미안스럽게도 돈이 아니라 화폐다. 돈은 오랜 시간이 지나도 가치가 변하지 않는 실물 자산이어야 한다. 금과 은이 대표적인 돈이다. 신사임당과 세종대왕은 종이에 잉크를 묻힌 그야말로 종이에 불과하다. 우리는 그 종이를 국가의 약속을 믿고 돈으로 사용하고 있는 것뿐이다. 신사임당이나 세종대왕으로 금과 은을 살 수 있으니 언뜻 보면 같다는 생각을 할 수 있으나 중요한 것은 일정한 금액으로 일정한 양을 항상 살 수 없다는 데 문제가 있다. 신사임당과 세종대왕의 가치가 일정하지 않다는 말이다. 그래서 지갑 속에 있는 신사임당과 세종대왕은 돈이 아니라 유통화폐, 즉 종이화폐라 부른다.

종이화폐는 정부가 마음만 먹으면 마구마구 찍어낼 수 있다. 종이에 잉크만 바르면 되니까 말이다. 여러분이 어제 받은 월급으로 햄버거를 20개 살 수 있었는데 오늘 정부에서 종이화폐를 2배로 찍어버리면 여러분은 오늘, 어제 받은 월급으로 햄버거 10개밖에 살 수 없다. 정부가 적자재정을 메꾸기 위해서 종이화폐를 찍어내면 낼수록 여러분이 월급으로 받은 돈의 가치는 떨어진다. 즉, 구매력이 사라진다. 구매력이란 돈이나 종이화폐에 부여된 힘으로서 상품과 서비스를 구매할 수 있는 능력을 말한다. 이러한 구매력은 물가가 상승함에 따라 그 힘을 잃어가는데 종이화폐 1,000만 원을 1.5% 이자를 받기 위해서 은행에 정기예금으로 넣었을 때 물가상승률이 3%라면 그 차액은 고스란히 증발해버린다. 이자 소득에 대한 세금까지 생각한다면 구매력은 더욱 떨어진다.

1965년에는 은행의 정기예금 이자율이 26%, 1970년에는 22%, 1980년에는 18.6%였다. 그 시절에는 당신이 은행에 1억 원을 맡겼다면 1965년에는 이자로 2,600만 원, 1970년에는 2,200만 원, 1980년에는 1,860만 원을 받았다는 이야기다. 그런데 지금은 고작 200만 원 받을 수 있다. 총체적 난국이다. 월급으로 살 수 있는 햄버거 개수는 줄어들고 물가상승률에 따라 신사임당과 세종대왕의 구매력은 훨훨 날아가 버리고 은행에 넣어봐야 실질적으로 마이너스다. 상황이 이러한데도 열심히 근로소득만 해서 은행에 꼬박꼬박 저축하는 것이 자본주의 대한민국을 살아가는 경제인의 합리적인 행동이라 할 수 있겠는가? 아무 짓도 하지 않는다면 피 같은 당신의 돈은 쥐도 새도 모르게 사라진다는 것을 명심해야만 한다.

정말 큰 문제는 아무 짓이나 하는 것이다

그런데 정말 심각한 문제는 아무 짓도 하지 않는 것이 아니라 아무 짓이나 하는 것이다. 지난 몇 년간 전국 어디를 투자하더라도 몇몇 곳을 제외하고는 웬만하면 수익을 볼 수 있었다. 이러한 학습효과가 초보 투자자에게 잘못된 인식을 심어줘 부동산 투자는 불패 또는 버티면 된다는 믿음을 갖게 만들었다. 한두 번의 소소한 성공을 자신의 특별한 재능인 것처럼 착각하고 자신의 재정 능력을 무시한 채 과한 욕심을 부리게 된다. 앞서 살펴봤지만 부동산 시장은 영원한 상승도 하락도 없다. 그런데 경험이 부족한 사람들은 시장이 활성화되면 지속적으로 상승할 것처럼 생각하고 문어발식 투자를 감행한다. 분양권이 몇 개다, 아파트 개수가 몇 개다 하는 것은 수업시간이나 상담과정에서 그리 어렵지 않게 듣는 이야기다. 물론, 현금동원 능력이 있는 사람이라면 문제 될 것이 없지만 (사실 아무리 돈이 많아도 제대로 된 물건을 선택할 수 없다면 그 또한 문제다) 대출과 차입을 통한(30대 부부가 현금이 부족해 카드대출을 받아서 분양권을 사는 것도 봤다) 묻지마 투자는 시장이 조정장이나 하락장에 진입하게 될 경우 괴로움을 당할 수 있으므로 조심해야 한다.

주변에 한두 사람이 부동산 투자를 해서 돈을 벌었다고 할 때까지는 그렇게 관심을 보이지 않다가 세 번째 사람이 부동산 투자로 수익을 봤다고 하는 순간 나도 투자를 해봐야겠다고 생각하게 된다. 제3의 법칙이다. 시장이 바닥을 치고 상승으로 방향을 바꾸기는 무척이나 힘들지만, 상승의 방향으로 일단 방향을 바꾸게 되면 이때부터 군중심리가 작용해 많은 시장참여자가 물불 가리지 않고 진입하기 때문에 가격상승이 이어진다. 공부도 없고 시장판단도 없고 물건의 가치분석은 더욱 없다. 오로지 누가 얼마 벌었다는데 나도 이참에 한번 벌어봐야겠다는 생각뿐이다. 어쩌면 이러한 생각도 경제적 사고를 가진 사람이라면 당연할지도 모르겠다. 다른 사람들은 돈을 벌고 있다는데 나만 소외된다면 억울하기는 하다. 하지만 기왕에 투자한다면 시장의 흐름과 가치 있는 물건을 선택할 수 있는 능력을 평소에 공부해둬야 한다. 아울러 상승장에서만 공부하는 것이 아니라 조정장이나 하락장에서도 공부하는 습관이 반드시 필요하다.

필자는 맛집 순례를 하는 정도의 미식가는 아니지만 여러 사람이 맛나다고 추천하면 그 음식점을 맛집일 가능성이 크다고 생각한다. 마찬가지로 좋은 물건이란 누구나 갖고 싶고 살고 싶은 부동산일 것이다. 누구나 갖고 싶은 물건이라면 희소가치가 있을 것이고 가격 상승 가능성도 크다. 문제는 갖고 싶지만 자신의 재정 능력으로는 사기가 힘들다는 것이다. 아무리 인구가 줄어도 서울대는 미달되지 않는다. 하지만 갈 실력이 안 되는 것이 문제다. 그러나 기억해야 한다. 상승장에서는 좋은 물건이 더욱 오르고 조정장이나 하락장에서는 좋지 않는 물건이 더욱 큰 폭의 하락세를 나타낸다는 것을.

물론 좋은 물건은 조정장이나 하락장에서도 가격이 떨어지지 않고 잘 버틴다. 이유는 그 물건을 갖고 싶어 하는 대기수요가 많기 때문이다. 입지의 중요성은 두말하면 잔소리다. 그래서 좋은 입지의 물건을 우리는 노른자라고 이야기한다. 재정 능력이 부족하다는 이유로, 가격이 싸다는 이유로 아무도 갖고 싶어 하지 않는 물건을 사면 곤란하다. 타조알 노른자를 살 능력이 안 되면 계란 노른자, 그것도 안 된다면 메추리알 노른자에 해당하는 물건을 사야 한다. 그마저도 힘들다면 우선 종잣돈 만드는 노력을 기울이는 것이 지극히 합리적인 행동이다.

수요와 공급의 밸런스가 깨지면 기회다

수요는 특정 상품을 사고자 하는 의지와 실제로 구매할 수 있는 능력을 말하고 공급이란 상품을 판매하고자 하는 의도와 실제 공급할 수 있는 능력을 말한다. 지나온 세월의 대한민국 전국 주택 가격지수를 보면 2006년부터 꾸준한 상승을 보이고 있다. 그러나 이것은 전국의 평균치고 수도권과 비수도권을 구분해서 보면 지역별로 상승시기가 다르다. 수도권인 서울과 인천은 2005년부터 2008년까지 상승 후 조정을 보이다가 2013년부터 다시 상승을 했지만 지방의 광역시 대부분은 2008년까지 바닥을 다지다 2009년부터 상승한다. 그러나 그마저도 부산과 광주 및 울산은 2009년,

대전은 2010년, 대구는 2011년에 상승을 시작한다. 먼저 상승하는 지역이 있는가 하면 상당한 시간이 지난 후에 올라가는 지역도 있다. 즉, 전체 평균은 올랐지만 지역별로 차이가 있다는 말이다. 전국의 부동산 시장이 상승한다고 해서 지역마다 모두 오른다는 것이 아니라는 뜻이다.

그래서 부동산 시장을 읽는 법을 배우기 위해서는 전체 시장의 수요와 공급도 봐야 하지만 지역별로 수요와 공급이 어떻게 움직이는지도 체크해야 한다. 부동산은 주식과 달리 오늘 사서 당장 내일 팔 수 있는 상품이 아니기도 하고 특히 주택의 경우 세입자의 이사 주기를 고려한다면 팔고 싶다고 해서 아무 때나 팔 수 있는 물건이 아니기도 하다. 세입자를 끼고 주택을 팔려면 제값을 받을 수가 없다. 따라서 적정 매도시기를 판단하기 위해서는 해당 지역의 공급량을 반드시 체크하고 매입 여부를 판단해야 한다. 대한민국 전체 평균가격은 올라도 지역적으로는 가격이 동일하게 오르지는 않는다. 올라도 다 같이 오르는 것이 아니다.

정부에서는 주택보급률이 높고 인구가 감소하는 추세이므로 공급량은 부족하지 않다고 발표하고 있지만 부동산 전문가들이나 언론에서는 대부분 공급이 부족하다고 말한다. 부동산이라는 단어는 움직일 수 없는 재산이라는 뜻이다. 즉 움직일 수 없다는 말인데 문제는 이러한 부동산의 특성상 누구나 갖고 싶은 지역은 공급이 부족하고 반대로 누구나 갖고 싶어 하지 않는 지역에 있는 부동산은 가격이 저렴해도 아무도 관심을 보이지 않는다. 수요공급의 부조화다. 대도시의 주거용 부동산 중 쾌적함과 교통접근성, 학군, 공공기관, 편의시설, 조망, 공원이 있는 곳은 모두가 살고 싶은 곳이다. 그러나 그런 지역은 수요가 원하는 만큼 공급이 사실상 불가능하다. 불가능하기 때문에 그러한 지역에 사람들이 몰리고 부동산 가격이 천정부지로 솟는다. 정부의 발표대로라면 전국의 주택보급률은 이미 100%가 넘어 섰기에 더 이상 공급 걱정은 하지 않아도 되지만 여전히 질 좋은 주택은 부족하다. 더군다나 요즘은 SNS가 발달해 좋고 멋진 집을 구경하기 힘들지 않다. 아무리 비싼 집이라도 중개업소 소장님들의 블로그에 들어가면 웬만한 물건은 직접 방문한 것처럼 볼 수 있다. 예전에는 강이나 바다가 보이는 조망이 멋진 집을 가본 적이 없으니 알 수도 없었고 조망에 대한 개념도 지금과 같지 않았다. 그런데 지금은 멋진 집이 왜 좋은지를 눈으로 확인할 수 있기에 누구나 그런 집을 갖고 싶어 한다. 집이라도 다 같은 집이 아니다. 모두가 갖고 싶은 집은 지금도 부족하고 앞으로도 부족할 것이다.

강한 자가 살아남는 것이 아니라
살아남은 자가 강한 것

　지금까지 정부의 부동산 정책과 국내외적 경제 상황 그리고 인간의 심리, 지역별 수요공급에 따른 부동산 시장의 상승요인과 조정요인을 열거하고 이에 따른 부동산 시장의 가격변화에 대해서 이야기했다. 실제 부동산 투자를 하는 사람들은 나름의 투자 원칙과 철학을 갖고 시장에 대응한다. 당연히 그 원칙과 철학은 존중받아야 한다. 그러나 성공 투자를 위해서는 다른 사람의 의견을 듣고 자신의 시각을 조정하는 태도가 반드시 필요하다. <u>같은 사안을 두고도 여러 가지 의견이 나올 수 있고 그러한 다양한 의견들을 종합해서 최종적인 결정에 참고하는 겸손한 태도야말로 어려운 투자 환경 속에서도 살아남을 수 있는 자양분이 된다.</u>

　그렇다고 해서 필자가 아주 뛰어난 투자자라는 말은 절대 아니다. 필자 역시 아직 배우고 경험하고 느끼는 시장 참여자 중 한 사람일 뿐이다. 그럼에도 불구하고 《3시간 공부하고 30년 써먹는 부동산 시장 분석기법》이라는 책을 펴내고자 했던 이유는 너무나도 많은 사람이 준비 없이 투자 시장에 뛰어들었다가 막대한 손실을 보는 것을 목격했기 때문이다. 어찌 보면 손실을 보더라도 실전경

험 역시 중요한 공부가 될 수 있기 때문에 수업료를 지불한다 생각하면서 툭툭 털고 일어날 수도 있을 것이다. 그러나 손실금액이 더 이상 회복하기 불가능할 정도의 수준이라면 다시 일어나기 힘들다. 필자가 이런 부동산 시장 분석기법에 관한 책을 쓴다고 해서 처음부터 수익만 보는 투자를 했을 것으로 생각하는 독자가 있다면 그건 정말 오해다. 필자 역시 많은 판단착오가 있었고 투자 손실도 있었다. 처음에는 손실이 있는지조차도 모른다. 몇 년이 지난 후에 알게 되는 것이 부동산 투자의 또 한 가지 특성인데 나중에 무엇이 잘못된 결정인지 찾아내 본들 이미 버스 지난 뒤 손 흔드는 격이고, 소 잃고 외양간 고치는 격이다. 그러나 외양간은 고쳐야 한다. 공부를 해서 다음 투자에는 좀 더 현명한 판단을 할 수 있도록 노력해야 한다. 이것이 성공 투자의 지름길이다.

이제 부동산 시장 분석기법에 대해서 정리하고자 한다.

첫째는 정부 정책과 맞서면 안 된다. 좌파, 우파를 불문하고 정부는 기본적으로 부동산 시장의 과열도 침체도 원하지 않는다. 물가상승률 정도의 안정적인 상승을 원한다. 그런데 건설사나 시행사 그리고 초보 투자자에 해당하는 일반인들이 시장을 과열시키거나 과도한 침체를 야기시킨다. 일희일비하면서 환희와 공포에 사로잡히는데 전혀 그럴 필요가 없다. 정부에서 부동산 시장을 부양시키려 규제를 완화하는 방향으로 정책을 쏟아낸다면 그때는 투자를 실행하면 된다. 투자자가 하나둘 참여하고 시장이 과열돼 정부나 언론에서 연일 부동산 시장의 활황세에 대해서 언급을 하면 욕심을 버리고 못난이 물건은 정리해야 한다. 못난이는 모두 정리하고 다가올 조정장을 대비해서 현금을 보유하고 장기적으로 미래가치가 있는 물건은 보유하는 방식으로 포트폴리오를 재구성한다. 부동산 시장의 비이성적 과열이 지속되면 반드시 정부에서 시장을 진정시킬 규제정책이 나오게 돼있다. 이것은 지난 50여 년간의 대한민국 부동산 정책의 패턴이다. 정부 정책에 순응하지 않고 맞서는 사람은 투자 손실이라는 수업료를 톡톡히 치러야 한다.

둘째는 경제공부를 하라는 것이다. 부동산도 결국 상품이고 상품과 서비스의 거래활동은 국내외적 경제 흐름에서 벗어날 수 없다. 대한민국의 경제가 어려운데 부동산만 활황일 수 없다. 조선업의 불황으로 해당 지역의 부동산 가격이 조정을 받는 현 상황이이를 잘 말해준다. 적어도 국내 금리와 통화량, 소비자물가 추이는 항상 관심을 둬야 한다. 그리고 무엇보다도 돈이란 무엇인가에 대한 확실한 철학이 머릿속에 탑재가 돼야 하며 돈과 종이화폐의 구분을 명확하게 할 줄 알고 당신이 보유하고 있는 종이화폐에 대한 미련을 버려야 한다. 아울러 레버리지 투자를 가능하게 만드는 대출에 대한 규제 정도와 추이를 항상 파악해야 한다. 금리가 낮고 대출이 많이 이뤄진다면 투자하기에 좋은 환경이 되는 것이다. 자기 자본만으로는 투자 수익에 한계가 있고 큰 물건을 저렴하게 살 수 있는 규모의 경제가 이뤄지지 못한다. 투자할 때를 기다릴 줄 알아야 한다. 좁쌀을 천 바퀴 굴려도 호박 한 바퀴 굴린 것을 따라갈 수 없다.

셋째는 심리적으로 동요하지 말라는 것이다. 가격이 오른다고 좋아할 필요도 없고 내린다고 울상 지을 필요도 없다. 일희일비한다는 것은 자신이 보유하고 있는 물건에 대해 자신이 없고 가치를 정확히 파악하고 있지 못하다는 뜻이다. 보유하고 있는 물건이 장기적으로 미래가치가 있다면 시간이 문제일 뿐 언젠가는 큰 수익으로 당신에게 보답하게 돼있다. 주변에서 누가 어떤 물건을 매입했다고 해서 나도 사지 않으면 큰일이라도 날 것 같은 조바심은 절대 가져서는 안 된다. 물론, 다른 사람의 투자 방법은 공부하고 참고해야 한다. 그러나 저 사람은 어떠한 이유로 그 물건을 매입했을까? 하는 합리적인 의심을 항상 하면서 매입 이유에 대해서 질문하고 공부해야 한다. 투자자가 우르르 몰려갈 때 왜 몰려가는지에 대해서 이유를 분명하게 알아야 한다. 소위 전문가라는 사람들의 주장도 맹목적으로 맹신하지 말고 주장하는 내용의 핵심을 명확하게 이해하기 위해서 노력해야 한다. 그렇게 파편적인 지식이 모여서 자신만의 투자 철학이 생성된다. 세상의 모든 일이 하루아침에 이뤄지는 것은 없다. 합리적인 의심과 군중에 휩쓸리지 않는 자신만의 투자 원칙이 당신의 재산을 지키고 불려준다.

넷째, 수요가 있는 곳에 공급이 있다는 사실을 명심하라. 여기서 말하는 수요가 있는 곳이란 당신이 좋아하는 지역이 아니다. 누구나 살고 싶어 하고 갖고 싶어 하는 지역과 물건을 말하는 것이다. 그런 지역은 항상 수요에 비해서 공급이 부족하다. 공급이 부족한 지역의 물건은 희소가치에 의해 가격이 오를 수밖에 없다. 기반시설이 잘 갖추어진 대도시 중심지역의 주거타운, 대규모의 인구유입이 예상되는 지역, 재개발 및 재건축으로 지역 일대가 환골탈태가 되는 지역 등 타조알 노른자가 안 된다면 계란 노른자 그마저도 안 된다면 메추리알 노른자에 해당되는 지역을 선택해야 한다. 단순히 싸다는 이유로 건설사가 마음만 먹으면 공급이 항상 이뤄질 수 있는 빈 땅이 많은 지역은 투자하면 안 된다. 당신이 살고 싶은 집은 당신 마음대로 취향에 맞게 선택해도 상관없다. 그러나 투자를 위해서 부동산을 매입한다면 다수의 사람이 선호하는 지역의 부동산을 선택해야 한다. 아울러 지역별 공급물량을 항상 예의 주시하고 매도 예상시점의 공급물량을 파악하고 투자를 결정해야한다. 부동산은 주식처럼 오늘 사서 당장 내일 팔 수 있는 물건이 아니기 때문이다.

정부 정책이 부동산을 사라고 권유하는 시기, 대출도 많이 해주면서 금리까지 낮은 시기, 부동산 침체기에 일반인들이 군중심리에 휩쓸려 좋은 물건을 집어 던지는 시기 등이 바로 투자의 적정시기다. 이러한 시기에 공급까지 부족할 것이 예상되는 지역은 하늘이 내린 기회로 알고 반드시 투자를 실행해야 한다. 공격적인 투자도 가능할 것이다. 하지만 반대의 시기에는 자신의 재정수준을 감안해 능력에 맞는 투자를 하든지 쉬어야 한다. 강한 자가 살아남는 것이 아니라 살아남은 자가 강한 것이다.

PART 4

COLUMN

감자와 아파트

경제활동을 통해 다뤄지는 상품은 재화(Goods)와 용역(Service)으로 나눌 수 있다. 재화는 다시 희소성(Scarcity)의 여부로 자유재(Free Goods), 경제재(Economic Goods)로 나뉜다. 자유재는 인간의 소비욕구에 대비해 무한히 공급이 가능한 공기와 햇빛과 같은 것들로서 거의 대가 없이 얻을 수 있다. 반면 경제재는 그 양이 한정돼 희소성이 있고 수요와 공급에 따라 상응하는 대가를 치러야 얻을 수 있는 자동차, 옷, 먹거리 등 대부분의 제품이 이에 속한다.

경제재는 다시 소득과 수요량 측면에서 접근할 때 우등재와 열등재로 나눌 수 있는데 소득이 증가하면 수요량도 증가하는 재화를 우등재, 반대로 수요량이 감소하는 재화를 열등재라 한다. 소고기와 돼지고기를 비교해보면 소고기는 가격이 비쌈에도 불구하고 소득이 증가하면 수요량이 증가하므로 우등재라 할 수 있고 돼지고기는 상대적으로 소비가 감소하므로 소고기에 대해 돼지고기는 열등재라 할 수 있다.

일반적으로 재화의 가격이 상승하면 수요가 감소하고 가격이 하락하면 수요가 증가하는 것이 통상적인 수요공급의 형태고 경제 상식이다. 그런데 상식을 깨는 재화가 있는데 바로 '기펜재'다. 기펜재는 아이러니하게도 가격이 상승하면 수요가 증가하고 가격이 하락하면 수요가 감소한다. 가격과 수요량이 같은 방향으로 이동함으로써 역의 관계에 있는 수요와 공급의 법칙이 적용되지 않는 이상한 재화다.

기펜재는 영국의 경제학자 R.기펜에게서 유래가 됐는데 기펜은 1845~1847년 아일랜드의 대기근에서 이해할 수 없는 구매패턴을 발견하게 된다.

그 당시 아일랜드는 주식(主食)이 고기와 감자인 시기였으며 대체재가 없던 시절이었다. 따라서 감자는 유럽인들의 절대다수를 차지하던 하층민들이 저렴하게 사 먹을 수 있던 유일한 먹거리였다. 그러다 흉년으로 대기근이 발생하자 감자의 가격은 올랐고 가격이 올랐지만 대체할 것이 없어서 다른 소비를 하지 못하고 오로지 감자만을 사는 데 열중하다 보니 감자의 수요는 오히려 증가했다. 즉, 감자 가격이 저렴할 때는 고기 사 먹을 돈도 조금 있었지만 감자 가격이 오르자 여윳돈까지 모두 감자를 사는 데 투입하게 돼 감자의 수요는 줄어들지 않았던 것이었다.

그런데 더욱 놀라운 것은 대기근이 끝나고 감자의 풍년으로 감자 가격이 하락하자 감자의 수요가 많아져야 했지만 지긋지긋한 감자를 먹는 것보다 감자 가격이 하락한 만큼의 여윳돈으로 오히려 고기를 사 먹고 감자는 적게 소비하는 일이 벌어졌다. 생존을 위해 어쩔 수 없이 사 먹어야 했던 감자를 이제는 더 이상 먹고 싶지 않았기 때문이다. 한마디로 다른 맛난 음식을 먹고 싶다는 욕구가 강하게 일어난 것이다. 감자의 가격이 하락함에도 불구하고 소비는 줄어드는 기이한 현상이 나타나게 된 것이다.

경제상식인 수요공급의 법칙이 완벽하게 깨지는 현상이다. 경제학에서는 이러한 현상을 기펜의 역설(Giffen's Paradox)이라 한다. 기펜의 역설에서 설명하는 모델인 기펜재는 거의 찾아보기 힘들다는 것이 학계의 정설이다.

그런데 이러한 학계의 입장에도 불구하고 필자가 보기에는 요즘도 기펜의 역설이 그대로 적용되는 곳이 있다고 생각된다. 다름 아닌 대한민국의 아파트 시장이다.

2017년 6~7월 현재 대한민국에서 일어나고 있는 일이다. 청약조정지역으로 편입돼 분양권 전매가 자유롭지 못함에도 불구하고 서울 은평구 D아파트의 경우 입주자 324가구 모집에 총 1만

3시간 공부하고 30년 써먹는
부동산 시장 분석 기법

2,305건의 청약통장이 접수돼 올해 서울 민간분양 중 최고 경쟁률인 37.98대 1을 기록했다. 금융결제원에 따르면 올해 5월 말 기준 부산의 1순위 주택청약 종합저축은 145만 1,072건, 대구도 98만 2,856건으로 100만 건에 육박한다. 지난 6일 진행된 대구 남구 T아파트 1순위 청약에는 256가구 모집에 3만 2,941명이 몰려 평균 128.7대1의 경쟁률을 기록했고 부산에서도 6 · 19 대책을 피해 간 지역인 부산 서구 B아파트 1순위 청약도 206가구 모집에 3만 6,688가구가 몰려 178.1대 1의 경쟁률을 보였다.

이러한 상황이다 보니 현 정부에서는 투기를 조장하는 세력들이 과도하게 경쟁률을 높인다고 규정하고 향후 청약조정지역에 대한 분양권전매제한, LTV/DTI 규제, DSR 대출규제, 재건축조합원 주택공급수 제한, 다주택자 전수조사 등 부동산 투기억제를 위한 조치를 점진적으로 시행하겠다고 밝혔고 발표대로 시행되리라 생각된다. 아울러 정부에서 원하는 정도의 부동산 시장 안정이 이뤄지지 않을 경우 더욱더 강력한 규제책이 연이어 나올 가능성도 배제할 수 없다.

가격이 저렴함에도 구축아파트에 입주하지 않으려 하고, 신축아파트의 분양가격이 높아짐에도 불구하고 수요가 줄지 않고 청약 경쟁률이 높아지는 것을 단순히 투기 세력 때문이라고 치부하기에는 정부나 언론이 간과하는 사실들이 너무 많다. 우선 대한민국 국민의 1인당 GDP가 3만 달러에 육박하고 있다. 이 정도의 수준이면 감성적 소비는 선진국 수준 그 이상이라고 해도 이상할 것이 없다. 나아가 신축아파트의 구매 열망은 쾌적하고 깨끗한 주거환경에서 살고 싶어 하는 아파트 소비자의 실체적이고 감성적인 강력한 욕구다.

정부는 작금의 부동산 시장 현상을 다주택자들의 투기적 수요에 의한 현상이라 생각하는 태도부터 고쳐야 한다. 투기적 수요보다 실수요가 많다는 것은 전매제한이 적용됨에도 불구하고 청약률이 높다는 점에서 객관적으로 입증되고 있다. 무엇보다 정부는 양질의 주거공간을 지속적으로 공급하겠다는 시그널을 시장에 보내야 하고 실제로 공급해야만 한다. 그 방법만이 시장을 진정시킬 수 있다. 반시장적인 규제책은 반드시 부작용을 동반해 언젠가는 그에 상응하는 대가를 치르게 된다.

살고 싶은 아파트는 부족하니 가격이 상승해도 수요가 늘어나고, 반대로 살고 싶지 않은 아파트는 가격이 저렴해도 수요가 줄어든다.

흉년이 들어 가격이 올라도 감자 수요가 늘어나고 풍년이 들어 가격이 하락해도 감자 수요가 늘지 않고 오히려 줄어든다.

이렇게 따져보니 19세기 아일랜드 대기근 때의 감자와 21세기 대한민국 아파트는 별반 다를 것이 없다.

자료.122 　　　감자 먹는 사람들, 1885년, 반 고흐 미술관 소장

어느 여배우의 월세살이

영화배우 미아 패로(Mia Farrow)는 옛날 추억의 영화 〈타잔〉의 제인 역을 연기한 모린 오설리번의 딸이다. 우디 앨런과 혼인 생활을 하며 한때 은막의 스타로서 제69회 골든 글로브 신인여우상, 제20회 산세바스티안 국제영화제 여자주연상을 수상한 세계적 톱스타다. 그런 그녀가 화려한 이력에 걸맞지 않게 미아 패로법이라는 뉴욕시 임대료 규제법의 별칭으로 사용되면서 오늘까지도 경제학자들의 조롱거리가 되고 있다.

1947년 세계 제2차 대전 참전군인의 귀국 등으로 맨해튼 지역의 임대료가 치솟자 당시 뉴욕 시장이었던 에드워드 카치는 서민들의 주거안정을 목적으로 하는 임대료 규제 법안을 마련해 시행했다. 그러나 그러한 임대료 규제가 서민이 아닌 미아 패로와 같은 상류층에 더욱 큰 혜택을 주게 됐다. 미아 패로는 1990년대 센트럴파크가 내려다보이는 방이 10개나 있는 초호화 아파트에 세들어 살았지만 월세는 상상 그 이상으로 저렴했다. 임대료 규제

덕분에 시세의 20% 정도의 월세만 지불하면 됐기 때문이다.

미아 패로가 여배우이자 사회운동가라는 타이틀 때문에 집주인을 잘 만나서도 아니고 사회복지가를 만난 것도 아니었다. 단순히 임대료 규제법에 의해서 임대료 인상이 제한돼있었고 미아 패로를 집주인이 마음대로 내보낼 수 없었기 때문이었다. 또한 가족에게까지 같은 월세로 임대아파트를 물려줄 수 있고 시행 초기에 운 좋게 입주한 사람은 혜택이 크므로 집을 구매하려 하지 않았다. 인간은 합리적이고 이기적인 선택을 하는 단백질 덩어리이므로 당연한 결과다.

이렇게 정부가 시장에 개입해 당초의 목적과 상반되는 현상이 일어나게 만드는 규제를 '미아 패로법'이라고 부른다. 이러한 규제는 불특정 일부 사람들에게는 단기적으로는 큰 혜택을 주게 되지만 장기적으로 전체 시장에 막대한 악영향을 주게 된다. 임대료를 규제하게 되면 임대주택을 공급하려는 사람들은 사라지고 세입자의 주거환경 개선을 위한 비용을 지불하지 않게 된다. 건물소유주는 이야기한다. "제대로 된 임대료를 받지 못하는 주택의 소유는 오히려 손해다."

임대료의 규제를 시행하게 되면 짧은 시간 동안은 소수의 세입자들이 좋아하게 될지 모르지만, 결국 임대시장의 참여자들 모두에게 피해를 주게 된다. 집주인들에게 임대료 수익의 하락을 가져와 임대주택 공급이 줄어들고, 세입자들은 개보수를 하지 않는 임대주택에 살게 되고 공급이 없으니 결국에는 신규입주가 어려운 상황이 초래된다. 우리가 알고 있는 빈민가의 대명사 뉴욕 할렘이 처음부터 빈민가가 아니었고 이러한 임대료 규제법에 의해 탄생한 산물이라는 사실을 알고 있는가?

최근 국회에서 전세 또는 임대계약하면 최장 6년이라는 기간까지 집주인의 허락 없이도 살 수 있는 '전월세 상한제'와 '계약갱신 청구권'에 대해서 논의가 시작됐다. 법안 또한 무더기로 발의되고 있다. 2016년 20대 국회의원 선거에서 여소야대라는 결과를 접하고 필자는 향후 국회에서 반시장적인 법안이 빈번하게 발의가 될 것으로 우려했다. 이러한 사실은 필자의 부동산 시장 분석 강의 프로그램인 '330'에서도 지속적으로 언급했다.

전월세 계약기간 연장과 임대료 상승 제한을 골자로 하는 법안만 해도 더불어민주당과 국민의당 등 야당의원이 발의한 법안이 9건에 이르고 제출안을 살펴보면 1) 세입자에게 전월세 계약갱신 청구권을 줘서 최소 4년간 살 수 있는 권리를 주고 2) 연간 임대료 상승분을 5~6%로 제한한다는 내용이다. 서민 주거안정이라는 명분으로 포장한 포퓰리즘적(Populism) '미아 패로법'에 반대 의견을 내는 정당이나 정부가 언제까지 막을 수 있을지 쉽지 않아 보인다.

스웨덴 경제학자 아사르 린드베크는 1971년 "임대료 규제는 도

3시간 공부하고 30년 써먹는
부동산 시장 분석 기법

시를 폭격하는 것보다 더욱 효율적으로 파괴하는 방법이다"라고 일갈했다. 아사르 린드베크가 좌파경제학자라는 사실을 상기해보면 임대료 규제법의 비판에는 좌우 구분도 없다. 깊게 생각하지 않아도 그 누구도 생산성이 없는 주택임대시장에 투자하지 않을 것은 자명한 사실이며 주거의 질은 지속적으로 하락할 것이다. 결국 도시는 사람이 살 수 없는 폐허가 될 것이며 임대시장 참여자 모두 큰 피해자가 된다.

공부하지 않는 국회의원이 있는 한 월세살이 하는 억만장자 여배우를 욕할 수 없다.

자료.123 HARLEM STREET

아파트 가격 산정 방법

부동산 투자자 입장에서 알고 싶은 것 중에 한 가지가 부동산 가격의 산정방법이다. 도대체 얼마가 적당한 가격인지 알 수만 있다면 투자를 결정하는 데 있어 많은 도움이 될 것이고 나아가 내 집 가격이 얼마인지 알고 시장에 내놓을 수도 있을 것이다. 법정 자격을 보유하고 있는 감정평가사가 이러한 업무를 하고 있지만 그렇다고 매번 도움을 청할 수도 없고 난감하다. 사실 아파트의 경우에는 국토교통부 실거래가 정보로 옆집이나 윗집 또는 아랫집 가격을 참고하는 방식을 사용하는 것이 일반화돼있다. 그렇다면 학문적으로는 어떠한 가격 산정방식이 있을까? 한번 알아보자.

최근의 부동산 관련 학회에서 발표되고 있는 논문을 살펴보면 부동산의 가치를 평가하는 도구로 학자들이 애용하는 가격분석이론이 있다. 헤도닉 가격분석모형이 바로 그것인데 이 분석이론은 부동산의 실질적 가치를 산정하는 방법인데, 물리적 가치와 잠재적 가치를 따져 해당 부동산의 대내외적 가치를 평가해 시장가격을 도출하는 것이 주요 골자다. 즉, 토지비, 건축비, 제세공과금, 인허가비 등 물리적 또는 행정적으로 투입된 비용에 적정한 노력의 대가(이윤)를 더해 눈에 보이는 가격과 그 부동산이 갖고 있는 환경적인 요인, 입지적 요인, 교통접근성, 상업시설, 여가시설 등 주변 환경을 가격으로 환산해 눈에 보이는 가치뿐만 아니라 눈에 보이지 않는 가치까지 가격으로 이끌어내는 방법이다.

헤도닉 가격분석모형(Hedonic Price Model)은 Ridker에 의해 1967년에 제안된 이후 Rosen과 Freeman에 의해 1974년 이론적 기초가 완성됐다. 특정 상품과 서비스가 시장에서 거래될 때 눈에 보이는 명시적 요인 이외에 보이지 않는 잠재적 요인까지 가격결정에 영향을 미친다는 전제를 두고 정립된 이론이다. 소비자가 상품과 서비스의 가치를 인정하고 구매할 때, 그 구매결정에 영향을 미친 모든 요소들을 분해해 각각의 항목에 대해서 가격을 산정하는 분석도구로서 주택 가격지수 '스탠다드 앤드 푸어스 케이스 실러(Standard & Poor's – Case Shiller Housing Price Index)' 산정에도 사용되는 등 실제 현장에서도 사용되고 있으며 그 효용성을 인정받고 있다(로버트 실러는 예일대 교수로 2013년 노벨경제학상을 수상했다).

부동산, 특히 아파트의 시장가격은 물리적 내부특성인 평면배

치, 평수, 층, 방향, 방의 개수, Bay와 단지설계특성인 건폐율, 용적률, 주차장, 녹지, CPTED(설계를 통해서 범죄를 예방하는 건축설계기법) 및 입지적 환경특성인 교육시설, 문화시설, 상업시설, 여가시설, 대중교통접근성, 고속도로접근성, 공원을 포함한 개방공간 등 이러한 다양한 특성들에 대한 가치의 합이며 궁극적으로 소비자들의 니즈 충족 여부에 따른 지불 가능한 가격의 합이라고 할 수 있다. 이러한 소비자들의 가치판단 과정에서 수요와 공급의 논리가 더해져 최종 시장가격(매매가격)이 결정되는 것이다.

자료.124　　　　　　　　　국토교통부 실거래가 시스템

정리하면 헤도닉 가격분석이론은 눈에 보이는 물리적인 요인과 눈에 보이지 않는 잠재적인 요인을 계량학적 기술로서 가치를 분석하고 시장가격으로 변환시키는 일련의 행위다. 그런데 어렵다. 아무리 봐도 그냥 국토교통부 실거래가 시스템에서 내 집 가격을 알아보는 것이 훨씬 나을 것 같다.

EPILOGUE

드디어 올 것이 왔다. 정권이 바뀌었음을 실감케 하는 부동산 정책들이 연이어 쏟아지고 있다. 다주택자들은 범죄인 취급을 받고 투기과열지구를 비롯해 투기지역까지 주택거래를 곤란하게 하고 대출규제도 시작했다. 모르긴 몰라도 역사적으로 볼 때 바퀴벌레가 기절을 해야지만 규제가 멈출 것이다. 한국에서 부동산 정책이 온탕과 냉탕을 반복하는 것은 이미 너무나도 잘 알려진 사실이고 앞으로도 크게 다르지 않을 것이다. 그 이유는 여러 가지가 있겠지만 가장 큰 이유는 시장이 필요로 하는 만큼의 임대주택이나 공공분양 주택을 공급할 수 있는 정부의 재원도 없고 땅도 없기 때문이다. 따라서 주택공급을 시장에 맡겨두는 한 이러한 활황과 침체는 반복적으로 일어나는 것은 필연적이다. 기본적으로 이러한 메커니즘을 이해하는 투자자라면 작금의 시장 흐름을 사전에 준비하고 있었을 것이고 아직 부동산 투자에 입문한 지 얼마 되지 않은 초보투자자라면 이번 정부의 8.2대책에 놀라움을 금치 못할 것이다. 더욱이 근래의 상승장에 용기를 얻어 자신의 재정수준을 넘는 공격적 투자를 감행한 투자자, 특히 현금유동성이 없는 다주택자라면 그 충격을 감당하기 힘들 것이다.

그렇다. 지역적으로 시간적 차이는 있었지만 지난 7~8년간 부동산시장은 활황을 맞이했다. 어떠한 기술적 테크닉도 필요 없고 좋은 물건뿐만 아니라 못난이 물건까지 그냥 사두면 오르는 상승장이었다. 전국 부동산 가격 수준이 한 차례 레벨업 됐다. 풍부한 유동성, 저금리, 부동산정책 등 모든 면이 부동산 시장에 우호적인 방향으로 시장에 온기를 불어넣어 줬다. 아울러 많은 재테크 모임이 생겨나고 재테크 강의도 개설됐다. 이렇게, 저렇게 해서 투자를 하고 수익을 얻었다는 사례가 쏟아진다. 계속되는 주변의 성공사례를 들으면 나도 투자를 해야 할 것 같고 당장이라도 투자를 하지 않으면 기회비용을 날려버릴 것 같은 생각에 조바심까지 생긴다. 내가 왜 이제야 이런 투자방법을 배우게 됐을까? 자책도 하면서 투자공부에 더욱 매진한다. '어디에 어떤 물건을 얼마에 사면 좋은가?'에 모든 포커스를 맞추고 있지만 정작 사야 할 때와 팔아야 할 때에 대해서는 전혀 공부하지 않는다. 지난 몇 년간 부동산시장이 좋았기에 앞으로도 조정장이나 하락장을 겪어본 경험이 없는 투자자들은 조정이나 하락이 올 수도 있음에 대해서는 전혀 고려하지 않는다. 아니 생각조차 할 수도 없다.

그러한 사실에 대해서 아무도 이야기해주지 않는다. 조정이나 하락을 이야기하는 것을 금기시하는 재테크 커뮤니티의 특성 때문이다. 한마디로 장사(?)가 안 되기 때문이다.

세상사 좋은 일이 있으면 그렇지 못한 일도 반드시 생기는 법이다. 8.2부동산 규제정책이 나온 것은 당연한 수순이다. 2015년 7월 22일 가계부채종합관리방안에 대한 계획안이 나왔을 때를 시작으로 2016년 4월 13일 제20대 총선에서 당시의 야당인 더불어민주당과 국민의당, 정의당이 여당인 새누리당보다 의석수가 압도적으로 많아진 사건, 2016년 11월 3일 부동산대책, 2017년 5월 9일 더불어민주당 후보가 대한민국 제19대 대통령으로 당선된 사건은 부동산시장에 먹구름을 드리우기에 충분한 사건들이었다. 부동산 시장 분석에 대해서 관심을 조금만이라도 기울였다면 여름을 지나 가을에 접어드는 시장의 기운을 느끼고 사전에 준비했을 것이다. 구들장을 데우기 위해서 아궁이에 장작을 넣는 것인지 바퀴벌레를 기절시키기 위해서 때리는 것인지 파악이 가능했다는 말이다. 그러나 대부분의 투자자들은 공부하지 않는다. 공부해도 '어느 지역에 어떤 물건을 살까?'에만 관심 있을 뿐이다. 그러나 무관심의 대가는 실로 막대하다. 과한 욕심은 결국 부메랑이 돼 회복하지 못할 정도의 치명상을 입게 될 수도 있다. 하지만 이러한 시장의 흐름을 알고 대비한다는 것은 말이 쉽지 오랫동안 시장에 몸담았던 투자자가 아니라면 힘들다. 그래서 필자는 '부동산투자는 예측의 영역이 아니라 대응의 영역'이라 생각한다. 예측하지 못했다면 다음 시장에 대비해서 대응이라도 잘해야 한다는 것이다. 버틸 수 있으면 버티고 못 버티면 손절매라도 해서 기초 체력을 비축해야 한다. 혹한기에 살아남아 새로운 봄날을 맞이할 수 있다는 희망으로 시장을 겸허히 대응한다면 기회는 반드시 온다. 역사적으로 볼 때 부동산시장은 상승과 조정을 반복하면서 우상향해 왔다. '강한 자가 살아남는 것이 아니라 살아남은 자가 강한 자'라는 말도 있지 않은가? 지금의 시간이 힘들다는 생각보다 다음 시장에 대비해서 기본기를 다지는 공부시간으로 만들기 바라며 본 책이 작은 보탬이 되기를 희망한다.

2017년 여름은 필자에게 많은 시련을 준 시간이었다. 상반기에 활동을 많이 한 관계로 여름 동안에는 강의를 잠시 쉬면서 집필을 시작했는데 공교롭게도 작은아들 재훈이에게 교통사고가 일어났고 12일 동안 깨어나지 못했다. 그 시간도 힘들었지만 의사의 절망적인 소견에는 하늘이 무너진다는 의미가 이런 것이구나 하고 느꼈다. 부모로서 할 수 있는 것이 기도밖에 없다는 점은 필자를 우울하게 만들었고 필자의 기도만으로는 부족하다 생각해 회원님들께 도움을 요청했는데 많은 회원님이 기도와 응원을 보내주셨다. 덕분인지 재훈이는 무사히 깨어났고 중환자실을 거쳐 지금은 조금씩 회복하고 있다. 절망이 희망으로 바뀌는 시간을 필자는 보내고 있으며 진심으로 감사한 일이 아닐 수 없다. 재훈이가 깨어나고 회복되기를 기다리며 병원에서 본 원고가 대부분 집필됐다. 나중에 완전히 회복된 재훈이가 이 글을 보고 아빠의 사랑하는 마음을 느껴줬으면 한다. 아울러 재훈이가 깨어나기를 기도해 주신 모든 회원님께 지면을 빌려 다시 한번 감사하다는 말씀드리며 본 원고의 교정을 흔쾌히 맡아주시고 놀라울 속도로 교정을 봐주신 김채준 선생님, 재테크 공부를 도와주는 '국토부동산아카데미'를 이끌고 필자의 활동에 여러모로 도와주고 있는 조선희 대표께 감사하다는 말씀 드린다. 그리고 자신의 일에 충실한 장남 재엽이와 힘든 시간을 보내고 있는 아내에게 고마운 마음 전하며 원고를 끝내고자 한다.

3시간 공부하고 30년 써먹는
부동산시장 분석기법

구만수 교수 카페 및 아카데미 오는 법

네이버 검색창에 '구만수'를 검색하시면 카페와 아카데미로 들어오
실 수 있으며 오프라인 강의 일정도 알 수 있습니다.

참고자료

KB부동산 월간KB주택가격동향

제18대 대통령직인수위원회 백서

서민주거안정을 위한 주택시장 정상화 종합대책, 국토교통부 보도자료, 2013.4.1.

서민·중산층 주거안정을 위한 전·월세 대책, 국토교통부 보도자료, 2013.8.28

새 경제팀의 경제정책방향, 국토교통부 보도자료, 2014.7.24

규제합리화를 통한 주택시장 및 서민주거안정 강화방안, 국토교통부 보도자료, 2014.9.1

주택가격 안정대책, 국토교통부 보도자료, 2003.5.23

재건축 안정대책, 국토교통부 보도자료, 2003.9.5

주택시장안정종합대책, 국토교통부 보도자료, 2013.10.29

제2차 장기주택종합계획, 국토교통부, 2013.12

우리나라 부동산정책 변화에 대한 검토 및 시사점, 김대용, 주택금융월보

국정브리핑 특별기획팀 [대한민국 부동산 40년], 한스미디어, 2008

시사경제용어사전, 대한민국정부, 2010. 11

신세계질서를 불러오는 세계 경제 붕괴와 돈의 비밀, Youtube

한국에는 양적완화정책이 없었던가?, 뉴스인사이트, 신세경, 2016.2

도덕감정론, Adam Smith, 1759

아파트의 몰락, 랜덤하우스, 남우현, 2011.12

블랙스완, 동녘사이언스, 나심 니콜라스 탈레브, 2008

야성적충동, 랜덤하우스, 조지애커로프/로버트쉴러, 2009

버블경제학, 랜덤하우스코리아, 로버트쉴러, 2009

경제학콘서트, 웅진지식하우스, 팀하포드, 2005

나는 집 대신 상가에 투자한다. 베리북, 김종율(옥탑방보보스), 2016.8

나는 부동산으로 아이학비 번다, 알키, 이주현(월천대사), 2017.4

정책보다 한발 빠른 부동산시테크, 청림출판, 박병호, 2004.12

경제기사의 바다에 빠져라, 스마트북스, 최진기, 2014.12

최진기의 글로벌 경제특강, 휴먼큐브, 최진기, 2015.2

최진기의 지금당장 경제학, 스마트북스, 최진기, 2015.10

최진기의 생존경제, 북섬, 최진기, 2013.2

경제상식사전, 길벗, 김민구, 2016.1

한국인의 부동산 심리, 알에이치코리아, 박원갑, 2014.5

부동산의 보이지 않는 진실, 프레너미, 이재범/김영기, 2016.1

고수들이 몰래 배우는 부동산차트 투자법, 센추리원, 안동건, 2015.12

환율의 미래, 에이지이십일, 홍춘욱, 2016.2

돈 되는 아파트 돈 안되는 아파트, 위즈덤하우스, 채상욱, 2017.5

앞으로 5년 부동산상승장은 계속된다. 원앤원북스, 오윤섭, 2016.11

에디톨로지 창조는 편집이다, 21세기북스, 김정운, 2014

노는 만큼 성공한다. 21세기북스, 김정운, 2013.6

참조사이트

http://www.r114.com/
http://www.mk.co.kr/
http://www.donga.com/
http://www.pressian.com/
http://www.fnnews.com/bigissue
http://18insu.pa.go.kr/
http://www.molit.go.kr/portal.do
http://www.mosf.go.kr/
http://ecos.bok.or.kr/
http://www.nongshim.com/
http://kosis.kr/index/index.jsp
http://www.mois.go.kr/frt/a01/frtMain.do
http://band.us/band/64213262
http://band.us/band/59683798
http://cafe.naver.com/landuseplannig
http://lview.m.ezday.co.kr/app/view_board.html?q_id_info=298&q_sq_board=844637
https://namu.wiki/w/%ED%8A%A4%EB%A6%BD%20%ED%8C%8C%EB%8F%99
https://www.youtube.com/watch?v=PilL3lGnQnM
http://post.naver.com/viewer/postView.nhn?volumeNo=8134942&memberNo=21967255

3시간 공부하고 30년 써먹는
부동산 시장 분석 기법

제 1 판 1쇄 발행 | 2017년 10월 17일
제 1 판 7쇄 발행 | 2017년 11월 17일
제 2 판 1쇄 발행 | 2018년 5월 4일
제 2 판 16쇄 발행 | 2023년 8월 18일

지은이 | 구만수
펴낸이 | 김수언
펴낸곳 | 한국경제신문*i*
기획·편집 | (주)두드림미디어
책임 편집 | 이수미, 이인영   디자인 | 얼앤똘비악earl_tolbiac@naver.com

주소 | 서울특별시 중구 청파로 463
기획출판팀 | 02-333-3577
E-mail | dodreamedia@naver.com(원고 투고 및 출판 관련 문의)
등록 | 제 2-315(1967. 5. 15)

ISBN 978-89-475-4258-6 03320

**책 내용에 관한 궁금증은 표지 앞날개에 있는 저자의 이메일이나
저자의 각종 SNS 연락처로 문의해주시길 바랍니다.**